지상의 작은 등불

## 지상의 작은 등불

**지은이** 신중신

1판 1쇄 인쇄 2012년 01월 1일
1판 1쇄 발행 2012년 01월 1일

**발행인** 김소양

**편집주간** 이꽃리
**편집** 이윤희
**기획** 전민상
**마케팅** 김지원, 이희만, 장은혜

**발행처** ㈜우리글
**출판등록번호** 제 321-2010-000113호
**출판등록일자** 1998년 6월 3일

**주소** 서울시 서초구 양재2동 299-5 남양빌딩 6층
**마케팅팀** 02-566-3410  **편집팀** 02-575-7907  **팩스** 02-566-1164
**홈페이지** www.wrigle.com  **블로그** blog.naver.com/wrigle

ⓒ 신중신, 2011

이 책은 저작권법에 따라 보호받는 저작물이므로 무단전재와 무단복제를 금합니다.
이 책의 전부 또는 일부를 이용하려면 반드시 저작권자와 ㈜우리글의 동의를 받아야 합니다.

값은 표지에 있습니다.
ISBN 978-89-6426-039-5  03810

잘못 만들어진 책은 구입하신 서점에서 교환해드립니다.

# 지상의 작은 등불

신중신 시선집

우리글

**머리말**

 글동네에 얼굴을 내민 지 어언 50년을 목전에 두고 있다.
 새삼스레 지난 세월의 작업을 정리해 보고 싶고, 성취도를 가늠해 보고자 하는 충동이 스멀스멀 솟구친 것은 아무래도 나이와 무관하진 않을 터이다. 최근까지 발표한 6백 편 남짓한 시작품 가운데서 131편을 골라본 까닭이 여기에 있다. 10년 전에 시선집 《신중신 시선》을 묶어내면서 한번 추려본 데 비한다면 나는 내 자신에 대해 더 엄정한 잣대를 들이대는 셈이다.
 그렇다 하더라도 과연 의미 있는 무언가를 이룩했단 말인가? 열정만 있었고 미흡함이, 그러니까 한 팔 못 미침의 안간힘만 살펴지는 건 아닐까? 하지만 어느 한편, 첫 시집부터 근년의 시집까지 한 군데에 펼쳐놓고 보니 그런대로 지나간 연대의 추이와 함께 시작상의 어느 정도 변모 과정이 짚이는 듯해 마음 뿌듯해지는 점이 없지 않다.
 평가와는 관계없이, 그동안 나의 부족함과 여러 측면에 있어 실망감 때문에 마음이 짓눌리기도 했으나 그런 가운데서도 곁눈 팔지 않고 스스로를 일으켜 세워가며 혼신의 노력을 다했음에서 위안을 찾는다.

  오랜 시간을 한 가지 일에 매달려 왔다는 사실이 끔찍하게 여겨지지 않았던 그 자기인애에 일말의 위로가 있기를.

2011년 초여름에<br>
신중신 삼가

| 차례 |

머리말 · 4

## 고전과 생모래의 고뇌

내 이렇게 살다가 · 12 | 그 순간의 시선이 · 14 | 서정초抒情抄 · 16 | 어떤 개인 날 · 19 | 후면後面의 빛 · 21 | 소경小景 · 23 | 비가悲歌 · 24 | 은유 · 25 | 배란기 · 27 | 새벽의 언어 · 29 | 교외에서 · 31 | 고전과 생모래가 뒤섞임의 고뇌 1 · 34 | 고전과 생모래가 뒤섞임의 고뇌 4 · 37

## 투창投槍

흑인 죠의 눈물 · 40 | 저것 보셔요 · 42 | 투창 · 44 | 잠언조箴言調 · 46 | 저 밤의 투명성 · 48 | 육교에서 · 50 | 풍경 A · 52 | 아마릴리스 · 54 | 국화 · 56 | 형식미 · 58 | 희랍적 꿈 · 60 | 강설 · 62 | 한 덩이의 무게 · 64 | 파문 · 66

## 낮은 목소리

나의 울음·70 | 낮은 목소리·72 | 산다는 것은 노래이며 춤·74 | 수레바퀴·76 | 귀로·78 | 바다 한 자락·80 | 바다 일각一角·82 | 붉새노을·83 | 불가사의·84 | 우리는 나그네·86 | 새·88 | 새를 향하여·90 | 고리·92 | 지상의 별밭·93 | 명상적·95

## 바이칼호에 와서

이슬 같은 자유를·98 | 무인도를 위하여·99 | 작은 사랑의 소네트·101 | 한 신비주의자의 몽상·102 | Nocturne·104 | 밤 지내고·106 | 나의 새·108 | 별·110 | 어스름녘 둥지 속같이·112 | 우리의 허무주의·114 | 인연·116 | 오늘의 비·118 | 목젖이 타는·120 | 남성적·122 | 일과 노래·124 | 작은 사회의 실루에트·126 | 높고 큰 신비·127 | 바이칼호에 와서·131

## 카프카의 집

은유법·134 | 사랑을 위하여·135 | 불굴에 대하여·136 | 5월에·138 | 연가·139 | 가을이 강을 건넌다·140 | 시인·142 | 카프카의 집·144 | 더 차가운 는개·146 | 어디서든 단내가 난다·147 | 모험·148 | 폭설주의보·150 | 저물녘·151 | 바닥에서 바닥으로·152 | 갠지스 강의 추억·154 | 여름 한가운데서·156 | 상실·157 | 숲·158 | 밤섬을 바라보며·160 | 메시지·162 | 원願·164 | 찬란함은 더 늦게 올는지 모른다·166 | 백년보다 긴 강·168

## 응답시편

아베 마리아 1·172 | 아베 마리아 2·174 | 산타 마리아 1·175 | 산타 마리아 2·176 | 시골 성당·177 | 가볍고 투명하다·178 | 여름에 바치는 시·180 | 다스리심, 그 판타지·181 | 미지의 강이 흐른다·183 | 기도·185

## 아름다운 날들

율律·188 | 봄날·190 | 봄밤·191 | 출렁거림에 대하여·192 | 나르시

시즘 1·194 | 탄생 설화·196 | 에로티시즘·197 | 젠장맞을·198 | 놀람·199 | 쾌청한 날·200 | 협궤열차는 떠난 지 오래다·202 | 아름다운 날들·204 | 산중문답·206 | 겨울산이 하는 말·208 | 붓꽃·210 | 먼 기억에서·212 | 참숯에 대한 단상·214 | 사람의 길·216 | 하늘 길·218 | 지상의 작은 등불·220 | 그럴지어다·222 | 눈이 내리네·223 | 나는 데에 예외란 없다·224 | 옛 노인장이 말하기를·226 | 그·227

## 근작 시편

조짐·230 | 잠·231 | 유대紐帶·233 | 일촉즉발·235 | 그때 알았어, 오고 있는 꽃을·237 | 영산에서의 전언통신·238 | 정적·240 | 귓속말·242 | 임진강 가에서·243 | 기억 속에서·245 | 낙엽 송頌·247 | 오늘 부르는 나의 노래·248 | 우리 곁의 우화·249

## '신중신 시' 읽기

생의 인식과 비상 (채수영)·252 | 통찰과 역설의 시학(전도현)·262 | 어느 낙천주의자의 사랑 노래(이형권)·273

신중신 연보·294

## 고전과 생 모래의 고뇌

;

국판 120쪽/ 지크로스 양장본/ 제자 김구용
수록 시편 44편/ 서문 박목월/ 저자 후기
1972년 10월 1일 〈현대문학사〉 간

## 내 이렇게 살다가

내 이렇게 살다가
한여름밤을 뜨겁게 사랑으로 가득 채우다
모두들 돌아간 그 길목으로 돌아설 땐
그냥 무심코 피어날까,
저 노을은 그래도 무심코 피어날까.

그러면 내 사랑은
무게도 형체도 없는 한 점 빛깔로나 남아서
어느 언덕바지에
풀잎을 살리는 연초록이라도 되는가.

밤새워
바늘구멍으로 세상을 들여다보던
우리 엄마는
죽어서 바늘구멍만한 자리라도 차지할까.

가을은

졸음이 육신 속을 스며들듯
나를, 시들은 잔디 사이
고요한 모랫길로 끄을고 가는데
끄을려 가는 발자국에 진탕물이라도 고여
내가 지나간 표지標識라도 되었으면…

꽃은 시들어
우리의 기억을 살리는 다리가 되나.
땅속에 사묻혀드는
한 가닥 향기로나 남아 있나.

살아서 이 세상을 가득 채우는 모든 것이 되어
죽어서 모두들 돌아간 그 길목으로 돌아서면
가을밤 하늘에
예사로 하나 둘 별이 돋을까.
무심코 별은 빛날까.

《사상계》 1962년 문예특별증간호

## 그 순간의 시선이

풀섶에 버려진
잊혀진 자갈돌 하나라도
나에게 생명이 있는 것이 되기엔

그때 나는
모든 것으로부터 자유로웠거나
지극히 내 자신을 느끼고 있을
그런 순간의 시선이 아니고선 안 된다.

이 우주에 저마다 중량을 누르며
한 몫씩 사물로 제 세계를 갖는 것들

그것이 다른 것들로부터 떨어져 있으면서
그 다른 것과 독립되지 않고선
아무것도 서로 잇닿을 건 없다.

10월 산정山頂에
바람은, 흩어져서 부서지고

가지 끝에 잎사귀가 멀어져 갈 때

알았으리, 멀어져 가면서
가장 그네들은 살 닿였음을
가슴 아픈 해방과 스스로를 의식할 때의 시선으로

영원은
이 순간의 인상으로
잊혀진 풀섶, 그 가지의 가장자리에 남겨지는 것이다.

《사상계》 1962년 문예특별증간호

# 서정초抒情抄

1
밤되면
꽃밭의 짙은 음영
그 어둠을 눈밝혀 만발한 꽃술 가에
요정들의 음험한 지껄임들.
코모 호湖 빙설 밑에 잠든 것이나
수장된 선인船人의 어스름한 시신 위에 노다니던
그중 몇 놈이
우리 집 정원의 수목 밑
달빛 관류하는 잎새 밑에 와서
히히닥거리고 몸 부비는 걸.
정밀靜謐한 밤의 동요여.
수런대는 꽃밭
마당귀의 눈에 안 뵈는 어둠속 도사려
요정들은
잽싼 발짓으로 춤을 추고
바닷속 정경을 수놓고 간다.

2

밤에, 나의 사고思考여

너는 나의 육신

나의 두뇌,

혹은 눈 언저리로부터 떠나

어둠을 건너 저편에 산다.

과즙의 산生 함량처럼

충일한 밤의

꽃밭의 습기진 속 자리에

정령精靈의 무덤이 있어

그 무덤 곁에 요정은 와서들 논다.

나는 실재하는 그것들을 느낀다

밤의 코모 호와

바다 밑바닥에 잠들어 있는 선인의 이빨

그 광채를

그들의 대화에서 알아차린다.

3
밤의 흔들리는
꽃밭에서
기나긴 나의 여로旅路.
마취제 같은 어둠을
피곤한 줄 몰라
내 눈은
몽유병자처럼 거닌다.

《사상계》 1963년 8월호

## 어떤 개인 날

글라디올러스 꽃잎 꽃잎 사이
맑은 햇살 머물러
그 자리에 그 빛으로 살아 오르는

하늘빛 깔린 물밑까지
와 닿는
가녀린 네 속눈썹 떨림하며
잔잔한 숨결

속으로, 나비는
가벼운 날갯짓으로 황홀한 은총을
그려놓는 개인 한낮에
나는 느낀다. 먼데서 네 속삭임을

화안히 열려나는 천애天涯로
초원으로, 늪으로, 바닷속으로
선연히 어려비친

밝디 맑은 생령生靈의 말씀을.

《사상계》 1964년 4월호

## 후면後面의 빛


고목 등걸에 돋는
은은한 새 빛이나
지하에선 듯 침통한
수감자의 찬송가는
고통과 환희의 어느 쪽일까.

청순한 가슴에 치욕이 움트고
언덕배기선 정액을 들내며
소리는, 소리는
혼탁해져버리지.

살얼음 풀리는 냇가에서
은총으로 미생微生하는 균의 소란
나부의 흔들리는 피부
그것에서 사자死者의 추억은 뿌리를 편다.

잠들라, 광음이여

바람은 외면을 하고
땅 위의 색조와 있는 그대로의 음률은
몸을 사리고
야기하는 언쟁과 음모陰毛의
그 가닥이 비옥해지는 계절을.

굴러라, 방울이여
은방울이여. 벽을 울리며
수감자는 찬송가를 부르고
바다는 음울하게 들누워 있는데
두드리며, 거대하게 접근하는
봄의 한낮.

《현대문학》 1966년 8월호

## 소경 小景
– 거열산성에서

그대의 귀밑 볼쯤서
남몰래 피어 있을 체온 같은,
그런 봄빛이 아름으로 넘쳐나는
산등성이에
철쭉꽃은 자지러지게 피어들 있어.
그대 희뽀얀 뺨의
새근거리는 충족처럼
꽃들은 초롱초롱 눈 밝혀선
홍록이 서로 물들고
혹은 요기에 차
둘레의 대기를 휘젓고.
허물어진 옛 성터
시꺼먼 돌팍의 숙숙肅肅함 한자리서
미친 듯 화닥닥 불붙은 철쭉,
그 빛을 담고 선
그대의 눈빛을 나는 보았네.

《현대문학》 1970년 10월호

## 비가悲歌

봄에서 여름으로 여문
마약의 장미, 진한 뒤엉킴도
10월 한나절
순식간에 허물어져 내리는 때
그 허물어짐의 눈빛으로
홀연히 떠나간 이,
떠난 당신은
노을빛 고운 흑해 연안의
램프에 불붙이는 식탁의 주인이 되어 있다 해도
내 마을의 가을꽃 진 자리
이 적멸의 고즈넉함은
그대 꿈에 은은히 적셔지이다.
그대 생시에도 어른 비쳐지이다.

《현대시학》 1970년 3월호

# 은유


겨울밤 바닷가에는,
물결이 저력 있는 몸으로 밀려와선
해변을 핥으며 무너질 터이고
순간, 은빛의 반짝임이 일었다 깨어지는
욕망의 아름다운 끈기를 보이리니…
삶의 환희를 다잡기 위해
근육을 모으는 광부여,
그윽한 친밀을 뚫고
가장 가까운 살의 진실을 습득하며
가진 사랑과 욕망으로 진주를 캐는 광부여.
보석은 꽃의 입으로 하늘대며
모든 다른 것과 단절된 시간 위에서
광맥에서 쏟아질 떨림을 얻으려
현재를 송두리째 태우는
그의 동작은 신앙이다.
바닷속에 꿈틀거리는 큼직한 해어*海魚*일까
은은한 시초의 탐색에서부터

일상의 타성들은 거두어지고
접목接木의 은혜에 젖으며
자맥질의 깊은 망각,
오직 확고한 하나의 인식인
접촉과 접촉의 살뜰한 노동은
생명의 실증이다.
꽃술이 벌어지고
암벽의 즙액 속에서 비밀이 깨어질 때
나무 잎새나 곤충의 촉각들도
숨죽여 있으리니…
일체의 소리가 잠적되고
죽음 같은 무중력에 잦아들 때를 위해
꿈의 여울터에 허우적이며
어둠속에서 열정으로 뒤채기는 광부의 신음은
겨울밤 바닷가의 물결이다.
영원으로 이르는 그 물결소리다.

《월간문학》 1969년 5월호

# 배란기

허리쯤서 붉은 꽃술이 터져나온
공작선인장,
장미의 벌어진 입술에선
그들 배란기의 몸부림이 보인다.
치유될 길 없는 열병에 앓으며
속으로 앓으며 나풀되는 욕구는
처절한 심미이다.
태態를 짓는 그윽한 밤이
긴 낮, 뜨거운 태양과 교접을 즐기는
어지럽고 나른한 때에
부풀어 허연 성숙의 몸매로
식물은 짐승이 된다.
출혈의 고통을 겪어내며
수태受胎의 강한 본능으로
감춰둔 수치를 과감히 헤벌린 충동.
넘치는 햇살의 힘이
맞부비는 체온으로 입맞춤할라치면

아! 절정의 끝에서 까무러치듯
꽃잎은 검붉게 시들어간다.
훈훈한 여운을 아끼듯 언저리에 심으며
다소곳이 제 몸을 뜯어버린다.

《신동아》 1970년 7월호

## 새벽의 언어

입 벌리려는 화판花瓣의 언저리에
이는 빛무늬와
돌아앉은 것들의 동의도 예감되는
투명한 나의 뇌수.
군데군데 낀 찌꺼기의
어지러움과 간사奸함을 씻어
맑아진 혈관을,
한 바가지 찬 샘물을 들이킨다.
모든 것은 지금
갓 깨어날 새 발성을 예비하며
간밤에 꿈꾼 기교를 버린다.
희뿌연 자락 끝서 정중동靜中動의 강
풀밭에 맺힌 이슬
아기의 눈뜸
의 오성悟性이 이끄는 통로여.
- 오귀스트 로댕의
대리석 그

차갑고 단단한 면面,
시린 새벽의
찰랑거리는 총명으로
나는 한 줄의 가늘고 또렷한 선을 긋는다.

《현대시학》 1973년 8월호

# 교외에서

1
밤의 교외엔
이 근래 서늘한 바람이 인다.
발붙일 땅을 잃고
늘어나는 불빛의 단란에 쫓기며
어둠속에서 바람은
퍼런 발톱을 치켜세운다.

2
오랜 동안
다만 풀잎이나 건드려 보다
제풀에 무료해지던 교외,
여기에 욕망의 잣대가 간단히 구획을 긋자
순식간에 그것은
땀과 삽질에 짓뭉개지고
야생의 생채기
황토 뻘건 속살을 들낸 채 나뒹굴어졌다.

그러나
돼지머리, 고사떡 한 상 받지 못한
원혼은 다 어딜 갔는지
땅은 자신이 하나의 제물로
달빛 아래 바쳐져 있다.

3
한 잔의 포도주
우리의 발 뻗을 자리는 신의 뜻이지만
자식의 잠자리는
어버이가 편다.
늘상 한恨을 살붙이고
자잘한 소망만 가지고선
벗은 몸의 추위를 가릴 수 없는 일.
서울 근교엔 어디서나
밤이면 서늘한 바람이 머리카락을 흩날려
사내들은 저마다

눈에 불을 켜고
빈 공터에 퍼런 칼날을 꽂는다.

《시문학》 1972년 9월호

## 고전과 생모래가 뒤섞임의 고뇌 1

허허롭게 충만한 우리의 젊음은
겨울나무가 되어 서성이고
햇볕 아래 뒹굴어져 빛을 내는
색유리 조각처럼 외로웠다.
음향에의 감각과, 그리고
여름밤 바닷가의 하늘 적시는 달빛의 기억도
가졌지. 우리의 젊음은
빛 속에 잡초가 되어
쓰레기의 양서洋書에서 방황하다가
개념으로 스스로의 포식을 하고
이만치서 공허해졌지.
질서는 감흥의 동요 위서
직감으로 꿰매고
자유를 피부로 느끼며
왜 미흡의 표정으로 있을까.
고립된 속에서 자기의 음성을 갖는다 한들
우리의 젊음이여

자유를 얻기 앞서 홀로 있지 않아야 할 것을.
의욕의 나목裸木이 되어
겨울 긴 밤을
뜬눈으로 지새는 듯한 아픔의 시간과
고전과 생모래가 뒤섞임의
고뇌 사이에서
노래한다. 거울도 없고
벽도 없는 곳에서
문제를 갖고 대화를 하지만,
한들… 교과서를 들쳐볼 건가.
혼자서 체득한 것을, 그것이 그의
혼자에 의해 확신된다 해도
족보를 가질 것인가.
조용해진 음계, 비 오는 시장 가까이서
휴식이나 가질 건가, 시도해 볼까.
우리의 젊음은
외로운 작업 끝에 미흡의 얼굴을 하고

불현듯

목선木船을 만드는 동화의 소년을 생각한다.

《사상계》 1966년 3월호

# 고전과 생모래가 뒤섞임의 고뇌 4

가을엔, 떠나가는 것들의
조용한 서두름이 있고
그것들의 뒷결에는
달무리 같은 연민이 어리듯이,
성년의 철드는 무렵에
하나 둘 떠나가는 이들.
그 뒷그림자의 고독을 보는
남은 이들의 가슴은
시름시름 앓는다.
서른 문턱에 서성이는
혼의 잠 못 이루는 철
이 해동의 때에
그들의 발 붙였던 생활,
그의 형식
혹은 그의 자유에서
지금은 떠나들 간다.
과거와 미래는

한 치 간격의 꿈의 땅이고
측량과 예견은
위구危懼의 다리일 뿐인…
떠나는 이들의 뒷모습에는
출항하는 선박이 남기는
호젓한 공간이 어리고
그것을 바라보는
남은 이의 눈짓엔
초조의 구렁이 생긴다.
누구에게도 구렁은 생길 것이다.
가을에 떠나가는 것들의
조용한 서두름처럼
서른 문턱에서 빚어지는
이 소리 없는 소요 속에서

《현대시학》 1971년 12월호

## 투창投槍

;

국판 변형 120쪽/ 포크로스 양장본/ 제자 서세옥
수록 시편 42편/ 저자 서문/ 해설 이영걸
1977년 10월 1일 〈현암사〉 간

## 흑인 죠의 눈물

나의 다정한 친구 흑인 죠의
밤에 우는 눈물에는 소금기가 많고
피는 한결 뜨겁고 진하지만
눈은 항상 아래로 접는다.
아침에는 쟁기질로 흙을 일구고
이웃의 양(羊)을 잡아주고
오후 한참은 통나무를 얻기 위해
침엽수 밑둥을 도끼로 찍었다.
내려칠 때마다 하얀 육편(肉片)이 튀어 떨어져
그는 살의 아픔을 느끼며
경련하는 잎사귀들이 삼키는 신음소리를 들었다.
선량한 친구 흑인 죠는
단단한 어깨의 근육을 갖고
저 번들거리는 땀의 만족 끝에
밤에 누워서는 통회를 한다.
신이 지켜주신 노동의 가르침을 다한 후
피 속에 도사려 남는 공유의 슬픔,

양과 침엽수의 눈물을 그가 흘린다.

《소설문예》 1975년 10월호

## 저것 보셔요


눈 내리는 미도파 앞길을
흑염소 두 마리가 목끈에 매인 채
휘청휘청 끌려가고 있습니다.
아침에 떼지어 나선 형제들 중
그중 못난 놈 둘 여직 남아
빙판길을 아슬아슬 끌려가고 있습니다.

성탄 이브에 눈이 내려
모든 이에게 따뜻한 덧옷을 얹게 하고,
세계의 엉클어진 통증도
지금은 다 거둬들여져
사람들은 메시아를 부르며
그의 가장 가까운 곳으로 나아가고 있는 때에,

죽어주지도 못하는 생명을
누가 바라보나요.

저문 날 흑염소 두 마리가 가고 있습니다.
헌데 저것 좀 보셔요
진종일 거릴 헤맨 저 어깻죽지 위로
눈이 뚝뚝 부러지며 떨어지는 건 웬일일까요.
무심한 듯한 저 눈 언저리로
눈이 딱딱 끊어져 내리는 걸 좀 보셔요.

《문학과 지성》 1976년 봄호

## 투창

한 완강한 사내가
한 확실한 사내의 가슴을 겨눠
창을 던진다.
팽팽한 긴장을 찢으며
날아가는 창, 창날이 긋는 섬광.
그러나 사내의 가슴은 원시림처럼 깊고
흘리는 진홍의 피처럼 강인해서
결코 쓰러지는 법이 없다.
던지는 사내가 현기증을 일으키며
다시 새로운 창을 날린다.
해는 중천에 멈춰 서 있고
모든 사상事象은 비늘을 곤두세운 채
마른땀을 흘린다.
물음이 없고 제의도 대답도 없이
당연한 하나의 귀결이듯
던지는 자의 슬픈 위의威儀와
당하는 자의 꺾이지 않는 아픔이

잠시도 숨을 돌리지 않는다.
가슴에 피를 흘리며 사랑을 흘리며 사내는
저 자연의 불가해처럼 허연 이빨을 드러내고
우는 듯 웃는 듯 우뚝 치켜서 있다.

《한국문학》 1975년 8월호

## 잠언조箴言調

칼을 잡은 손과
칼을 쥘 손을 분별하는 정도면
만사휴의萬事休矣다,
그런 무서운 놈은
제 가시에 스스로 피 흘리기 마련.
그녀의 눈에 얼비친 명암을
확연히 모르는 동안, 그때에
우리는 사랑을 얻는다.
천공에 걸린 욕망의 잎사귀
수시로 액자 그림도 갈아 끼우고
자리를 고쳐놓곤 못마땅해 하며
깨어진 실책을
애닯아하는 눈물의 보석 –
집을 나설 때의 늘어뜨린 그림자와
돌아오는 길에 드리운 그림자의 차이를
관심치 않는 둔감의
그 빈 틈서리,

이런 여유로 팔이 허전해서는
한 세상 살다가 나중에
저마다 하나의 콤마를 남기곤 간다.
무서운 친구는 피리어드를 찍을 때에
콤마를 찍는다.
제대로 안된 아픔과 사랑을 위해
차이를 몰랐던 만큼의 허술함으로써…

《시문학》 1973년 3월호

# 저 밤의 투명성

밤은 더불어 있지 않고
촉루髑髏만 희번득이 나타낸다
밖으로 드러나는 일체의 요설은 떨치고
푸르고 딱딱한 이마만 선명히 돋보이게 한다.
미루나무가 홀로 이슬에 젖고 있을 때
생명 있는 것들은 눈을 떠
오직 이성의 차디찬 뼈마디가
삐걱거리는
그 낭랑한 소리를 듣게 된다.
순금의 광맥이 보이는 때도,
밤내 톱니를 가는 불도저에
깎이는 땅의
땅의 소리 없는 통증을 깨닫게 되는 때도,
하나의 비유 하나의 비약이 솟고
하나의 후회가 꺼지는 때도
이때이다.
밤은

개개의 사물에 윤곽을 지어주고
한 초병哨兵의 그림자를 만든다.
정신의 선병질성腺病質性엔 약속하지 않지만
무덤 속 깊은 사색
그 꼿꼿한 채 침묵하는 머리카락들과는
함께 노래한다
밤은 결코 잠들지 않는다.

《문학사상》 1973년 4월호

## 육교에서

사람들이 하루를 버리고
모든 예감조차 잃어버리고
말없이 돌아간다.
제가끔 몸 던질 데를 찾아
쫓기듯 돌아가는 자의 그 허허한 소맷자락만
허공에 한 가닥 인상을 남긴다.
그들 속에는
쐬주 한 잔 삼킨 기개로 사내들이
층계를 오르기도 하고
꽃잎이 다 떨어진 여인이
마른 어깨를 스치며 내려가기도 한다.
층계를 오르는 일이나
내려가는 동작의 뉘앙스가 조금도 다를 반 없다.
그저 구체적인 것은, 그때
가을이 떨군 몇 낱의 햇살뿐이었다.

 - 어느날 해질 무렵, 이 시대의 정수리를 뚫으며 뚫으며 저

군상群像들이 하나의 사상事象으로 표현되고, 하나의 온전한 풍경으로 그려지는 모습을 간파할 수 있었다. 또 그것이 불길하게 덮여 오는 어스름에 말없이 사묻혀 갈 것임을, 아 말 없는 것의 녹슬음을 분명하게 느낄 수 있었다.

《신동아》 1974년 2월호

# 풍경 A

바싹 마르게 하라
살이 찢어진 채 숨진 흑인병사의 꿈이
저쪽 강안에 이르지도 못해서 바래게,
그 눈에 잠긴 열대수목이
황진黃塵으로 풀썩이게,
너의 시에서도 그렇게 -

낮달이 무속巫俗의 풍경처럼 나타나
소리 없이 주기도문을 외고 있고
주린 토종개 한 마리 흰자위 치켜떠선
텅 빈 골목을 기웃거리다
하늘 한번 쓰윽 올려다보게,

죽은 자로 하여금 그 주검의 황黃을
산 자의 이마에 획 긋게
바싹 마르게 하라!
그래도 마지막 눈물이 남아 있거든
그 뿌리가 더 자라기 전

사막에 뒹구는 새하얀 해골의 환영을
그대들 상징의 머리맡에다 놓아라.

《시문학》 1976년 11월호

# 아마릴리스

떠나간 것은 다시 돌아오지 않고
떠나가버릴 것만
예고없이 다가와
문득 이마를 서늘하게 한다.
뜰을 화안히 밝히는
아침의 아마릴리스.

그저께는
그저께의 진눈깨비가 흩날리더니
오늘 아침엔 바람이 불어
풀잎의 이슬을 털고 갔다.

진눈깨비든 이슬이든
그것은 이미 각자의 과거로써 간직되고
자유도 희망도 그리고 꿈도
지나가버린 뒤 그 모습이
우리의 눈을 찌른다.

왜 우리는 이처럼
그것들의 등만 바라보게 되는 것일까.
언제나 이런 공허
영영 떠나가지 않을 공허만
정면으로 마주하게 되는 것일까.

– 이 아침 무심히 뜰을 밝히는
한 송이 아마릴리스.

《소설문예》 1976년 11월호

# 국화

달빛이 서리가루로 내린 밤과
눈물마저 얼어붙게 휘몰아친
한파의 와중에서
마지막 싸늘하게 피어난 국화 한 송이
그건 보석일까, 땅위의 한 개 파란 별일까.

목련이 그중 먼저
호들갑스레 잎사귀를 털자
장미 다알리아 다투어 몸을 거두고,
단풍의 득세도 무르팍이 꺾인 다음
그때에 볼 퍼르스레 언 채
비수 하나를 꺼내든 꽃
마치 희망처럼, 사도 바울처럼.

낙엽이 무수히 흩어진 뜨락 한켠에
자그만 흰 국화 한 송이 피어나
이 겨울을 당황케 한다.

그냥 고즈넉이, 눈만 초롱초롱 뜬 채
분명한 내색을 지어보이는
결의 하나!

《한국일보》 1976년 12월

# 형식미

철조망 위에
한 마리의 나비가 날아와 앉았다.
꽃나무 가지가 첫 꽃송이를 피워 올리듯 가볍게
그 꽃이 꽃술을 공중에 살짝 띄워 올리듯 그렇게.
햇빛이 대낮을 고요하게 하는가
햇빛이 대낮의 고요를 허물어뜨리고 있는가는
잘 알 수 없지만
그 풀밭의 철조망 둘레엔 햇빛이 충만해 있었다.
나는 잠시 꿈을 꾸었던가
그 사이 영원한 세월이 스쳤던가
시간은 전혀 짐작할 수 없었다.
또 발가벗은 여인이 쇠사슬로 꽁꽁 묶여 있는 게
완벽한 미인가
저 깊이깊이 잠들어 있는 악의 추상인가조차도
판별할 수 없게스리
대낮은 일순 호흡이 멎어 있었을 것이다.
철조망 위에 앉아 있던 나비가

사뿐히 제 몸을 띄운 건 그때였다.
삼라만상이 온통 제 무게를 떨치는 양,
시간이 타성적 흐름에서 완연히 벗어나고
묶인 여인에게서
파악할 수 없는 환희가 솟구쳐 오른 것과 일치하여.
– 한 마리의 나비가 휘젓는 이 눈부신 파문.

《심상》 1974년 6월호

## 희랍적 꿈

아프로디테의 비옥한 살의 꿈이여
바닷속 자맥질 같은 혼몽한 울림에서
저 도달의 깊은 골짜기까지
뿌리 내리는 여신의 풀밭
얼마 동안의 몰입이었던가, 대리석 갈듯
그건 몰라라, 그건 몰라라
바다 위를 일렁이는 잎사귀였다가
비 맞는 한 송이 장미였다가
떨리는 눈꺼풀의 경련이었다가
쉬임없이 들나는 파도의 리듬이었다가
이윽고 차오르는 숨가쁨의 미를 완성할 때에,
아 급류가 휘감아 오를 때의
완성의 절대성
온전히 완벽한 것은 무엇인가
단단한 구슬들은 모두
제 형태를 놓친다
커다란 호수가 온몸을 기우뚱하면서

물에 잠긴 풀숲은 내려앉고
다른 쪽 울창한 숲이 솟구쳐 오르듯
오장이 뒤죽박죽 되듯
사지四肢의 밝힌 눈들이 한꺼번에 무너지고
빛나는 파멸만 보이는 일순을!
천千의 만萬의 부스러뜨림과 파헤침이 있고
죄악도 선도 절정 끝에서
서로 굴복하고, 서로 융해되고
그리하여 다 떨친 것의 건강한 허무만 남기는 것을…
저 건강한 허무를 상탄하라
어느 비파의 흐느낌
어느 선율의 슬픔이 귓바퀴를 감돌아도
그대 눈물은 보석처럼 아리땁다
보석처럼 아리땁다

《현대문학》 1974년 10월호

## 강설

눈은,
이제 우리들 위로 무너져 오는 강설은
장엄한 의식으로 땅위에 행해져
만백성을 순백의 융단 위로 이끌어 올리고
하느님 말씀에 기대
모든 이들에게 대관戴冠한다.
첨탑의 십자가 위에도
산철쭉 앙상한 가지에도
그냥 그렇게 있을 뿐인 너럭바위에도
제가끔 받을 수 있는 그릇만큼 고루 내린다.
가장 성스런 고전적 배경 속에서
귀머거리가 바늘귀로 듣는
첼로의 음색을 띠며…
제왕의 다섯 치 머리 위에는
다섯 치의 가진 둘레만큼,
눈 속을 삼십리 걸어온 내 어깨에도
다만 그 어깨의 넓이대로.

그러나 가난하고 외로운 사람 위에는
그 가난의 한량없이 깊고
손에 잡힐 듯 잡힐 듯 끝 간 데 모를 변방만큼
시방 눈이 쌓이고 있다.
다 어루만져지고 씻어짐을 받을
오늘의
아, 그네들 그윽한 잠.

《문학과 지성》 1976년 봄호

# 한 덩이의 무게

신간의 지훈전집芝薰全集을 사들고 돌아간다.
허공을 왜소하게 휘젓는 나의 팔
또 하나 다른 팔엔
커다란 얼굴 단단한 두개골이
한 덩이 묵중한 무게로 들려 있다.
관악冠岳 큰 자락이 감싸고 있는
긴 골목길,
어둠에 잠긴 산머리 위로
서릿발을 긋는 초승달이
동양적 매서움으로 걸려 있어
한 시대 드높게 치켜 올려보던
마지막 도포자락의
그 당당한 체구를 기억케 한다.
오늘
월부로 사 들고 돌아가는 길에
지훈전집 한 질이 주는 중량감
내 근육을 긴장시키는

한 시인 전생애의 무게.
한 사람이 살다간 후의 빈자리
그 무변의 공간을 채우는
경질硬質의 한 덩이 무게를
내 허약한 두 팔이 감당하며 간다.
죽어서 산 사람을 누르는
희끗한 그림자가
걸어가는 골목길 저쯤서
설핏 비쳤다 사라짐을 본다.

《한국문학》 1974년 4월호

## 파문

 늪은 고요하고, 그 고요를 지키듯 곳곳에 낚싯대가 드리워진 미동의 한낮에 구릿빛 사내가 낚싯대를 채 올리자 한 마리 금빛 잉어가 제 가진 비늘의 단단함으로써 수면을 가르며 휘파람처럼 공중으로 번쩍 채여 올랐다.

 그 찰나, 돌이킬 수 없는 허무에 가로놓인 잉어는 몸의 무게와 힘의 균형을 잃고 허공에 무력하게 걸려 있는 듯싶더니 돌연 지느러미를 뻗침과 함께 꼬리를 튀기며 언저리에 건강의 한 점 빛을 번득였다.

 동시에 낚시꾼의 강인한 팔뚝으로 응결된 생명의 꿈틀거림이 관류하면서 일순 탄력에서 비롯되는 신선한 떨림이 스쳐갔다. 모든 건 그뿐이었다. 두려움과 힘이 맞부딪쳐 획득되는 어떤 생동감만 선연히 내비쳤을 뿐이었다.

 이 정오의 짙푸른 하늘, 또는 할 일없이 멈칫대던 바람이나 간밤의 통정으로 혼곤해진 수초들도 이 일경一景을 한낱 대결의 슬픔으로 이해하기보다 급작스런 사태에서 빚어지는 한 쾌미快美로 받아들였을 터였다.

   오, 한낮의 눈부신
   이
   전율!

《시문장》 1976년 창간호

# 낮은 목소리

;

3×6판 120쪽/ 일반 보급본
수록 시편 62편/ 저자 서문/ 해설 이형기
1989년 6월 15일 〈문학세계사〉 간

## 나의 울음

끓어오르는 신열
흥건히 솟는 땀 누구의 것이랴
돌아누워도 저미는 살의 아픔,
내 시가 그대를 울리기는커녕
그대 귓바퀴에 기척도 하지 못함의
허망처럼 정적처럼
이 뼈마디마디의 통증도
오직 나의 온몸으로써만 받을지라
이 열띤 아픔 누가 나눠 갖길 바라랴.

산이 바다를 잠재워서
제 이마를 치켜세우고
바다가 그 품으로
산을 그윽히 품어 안는
동해여, 동해바람에 이 몸을 풀어
온전함을 바라기엔
내 피 아직은 뜨겁고 거셀진대

내 머리 내가 잡고 흔들지라.

뜨락 볕바른 곳에선
모란 눈부신 꽃잎이
붉은 맨발로 무리지어 떨어졌음에랴
이 들끓는 신열일랑
내 혼자 몸으로 달게 엎드려 받을지라.

《심상》 1978년 1월호

## 낮은 목소리

나무여, 살얼음 덮고 홀로 선
나무여. 네가 제 키대로 자라나려면
두어 해 더 찬바람을 맞아
스스로 윤기어린 잎사귀를 털어야 한다.

나는 시방 입술이 부르터 있지만
진실로 아름다운 꿈을 꾸기 위해
겨울 한밤을 더 견뎌내며
가위눌린 잠을 자야 한다.

그리하여
내 몸속에 남은 멍울의 찌꺼기
덧없는 기대, 허영의 관념을
진땀으로 흘려야 할 일이다.

물은 언제부터 제 곬을 찾아 흘러
이제와 같은 흐름을 지었나를,

바람은 또 얼마나 여러 번 밀고 밀어서
저 언덕을 넘어 불어오는가를 알기까지

희망이여, 꽃으로 피어나서
다시 한번 또 한번
잿빛 물거품처럼 제 살점 덮으며
다소곳이 스러져야 한다.

《월간조선》 1981년 1월호

# 산다는 것은 노래이며 춤

 침몰해 가는 것은 무어나 한사코 거머쥐려 한다. 외로움이 외로움을 붙들고 외롭지 않은 것까지 외롭게 해가며. 산사태도 썰물도 그런 몸짓이요 기질에 말미암음이다. 움직이는 모든 것은 여전히 컴컴한 공동空洞을 내려다보며 허물어지듯 자꾸자꾸 하락하고 마침내 수렁으로 깊이 빠져들어 간다.

 시간은 찰나도 멈춤을 모른 채 앞의 것에 이끌리고 뒤로부터 밀리며 어쩔 수 없이 흘러가게 마련. 해해마다 나뭇잎은 속절없이 돋아나고 때에 이르러 시나브로 지고 만다. 세월처럼. 차곡차곡 쌓이는 저 생명의 소멸들. 전 우주가 실린 것의 저토록 가벼움. 거기 빛나는 자취는 아무것도 남아 있지 않다.

 감동스런 일은 진실로 없음에도
 이런 하루하루 사이
 돌엔 이끼가 오르고
 쇠박새 똥에는 풀씨가,
 사람들은 만나서

저마다 눈에 진달래 꽃빛을 피워 올리는가 하면
상아의 흰 이를 드러내고
벌쭉벌쭉 웃는다.

이것이 세상이다.
산다는 것은 아무래도
노래이며 춤이다.

《한국문학》 1986년 6월호

# 수레바퀴

내 소싯적 풍경에는
수레바퀴가 진흙땅에 얼어붙은 채
그 바퀴의 쇠테는 벌겋게 녹슬던 빈 터가 있어
겨울철, 구르지 않는 수레가
마치 38선을 보듯 해 가슴 답답하더니,
해빙기 맞아 아지랑이 아물거릴라치면
수레는 저절로 굴렀지. 자갈길 위를 달릴 때면
은빛 바퀴는 불똥을 튀기며
삐거덕거리는 소리도 상쾌하게
보릿내음 시골길을 달려 나갔지.
그 후 오래도록 이런 풍경이
내 기억 속에서 잊혀졌다가
이즘에 그 수레가 새삼 생각킨다.
남해안 물결이 한반도를 녹여
풀뿌리, 땅의 심장까지 울렁이게 해도
굴러가는 시간 속에서 구르지 않는 것
미동도 않는 적막함이 멈춰선 달구지로 다가선다.

수레바퀴는 굴러야 되는 거야, 구렁에
빠진 바닥이 위로 오르고 녹슨 바퀴가
땅바닥에 부딪치며 돌고 돌아
은빛으로 빛나야 하는 거야.

《월간중앙》 1980년 4월호

# 귀로

간데라 불빛을 앞세워 돌아온다
확실한 작업에 확실한 노동을,
끈적거리는 삶과 사랑을 다 쏟아부어
하루를 마감한 사내들의
소리 없는 웅성거림.
남성적 근기가 탈진해서 육신은 솜털 같으나
걸음은 천근 무게에 짓눌려
밤길이 아득하다.
둥지로 돌아온 새여 잠들면 안 된다.
어둠에 흠뻑 젖은 갯벌도
낮의 온기를 하마 잃어선 안 되지.
아가야 울지 마렴, 창으로 비껴드는 별빛
꿈이 있지 않느냐.
일은 일감을 불러일으켜 일거리에 취하게 하고
피로조차 예기치 못한 신명에 따라
저녁놀과 더불어 잦아든 날.
하루 내 양팔 두 다리 반경의 몫에 매달려

개미마냥 허우적댔을 뿐인데
뒤돌아보면 하느님은 놀랍게 치장해 놓았다.
별떨기가 치렁치렁 빛나야 할 필요는 없다
두어 걸음 앞 불빛만으로도 충분한
노동의 귀로,
두어 걸음 반경의 몸놀림 결과와도 같이
오늘밤 따뜻한 잠을 확보한 사내들.
풀잎은 아직 이슬에 젖어선 안 되고
아가야 너는 더
긴 꿈을 꾸어도 좋을 거야.

《동서문학》 1986년 10월호

## 바다 한 자락

　이른 새벽에 노량진 수산시장을 찾아갔습니다. 사람들로 법석대는 저자에는 바다 한 토막이 잘려져 나와 벌름벌름 숨을 쉬고 있었습니다. 바다는 눈알이 벌겋게 충혈되고 도처에 비린 냄새를 풍겼습니다.

　나는 이 아침 광어회가 먹고 싶고 아내는 허연 갈치를, 아이는 엉금엉금 기는 꽃게가 좋은가 봅니다. 한 패의 젊은이들은 무심한 얼굴로 멍게 문어 따위를 사다가는 목로주점 한켠에 앉아서 소주잔을 기울입니다.

　미명 너댓 시쯤, 이 널찍한 어류공판장에서는 삼남의 바다가 출렁이다가 밝아오는 아침나절엔 썰물지듯 해일은 빠져나가고 소금기 절인 시멘트 바닥엔 상한 생선 두어 마리가 발길에 짓이겨진 채 내동댕이쳐 남을 따름입니다.

　많은 도시 사람들은 이날 바닷자락 한 움큼씩 사가지고 저마다 평화로운 발걸음으로 귀가를 했습니다. 그들은 가장 정직한 표정으로 새로 차지한 소유물을 확인할 터이지요. 생선이 도마 위에서 토막이 질 때엔 바다 뭉텅이도 한 생명자락으로 썰려나 갈 것입니다.

《한국문학》 1982년 12월호

## 바다 일각一角

무국적無國籍의 사내가 안개 속을 서성인다.
아침이 기쁨으로 용솟음친다는 걸 아는 사람에게만
희망은
숨 가쁘게 주어지는 것.
절망이 어떻게 사람을 짓이기는가를
뼈 시리도록 체험한 자에겐
그것은 또
졸음처럼 휘감겨든다.
안개 덮인 바다 위로
불빛 휘황한 여객선은 떠나가고
물거품이 악다물다 스러지는 부둣가엔
소금기 찬바람이
억센 기둥처럼 치받쳐 올랐다.
안개 자욱한 날
홀로 떨어져 남은 사내는
포말로 흩어지는 짠 한 방울
눈물조차 잃어버렸다.

《소설문학》 1986년 6월호

# 붉새노을

배가 설움을 만선滿船한 채 돌아왔다.
바다는 금빛 아침을 삼키고
노동의 삯을 파도가 휘덮어버려
덩그런 이물만 갯창에 나울거렸다.
불을 지피다 뛰쳐나온 갯마을 아낙네들이
저마다 하루의 기대 끝, 벼랑 끝에서 서성이다가
빈손으로 뿔뿔이 흩어져 갈 때
무심한 아이들 눈엔
빈 광주리 가득 놀이 담겼다.
바다는 일상 거대한 무엇을 안겨다준다.
두둥실 떠오르게 하는 건 없이
내면 깊숙이 무거움을 싣고서
늘상 저렇게 밀어 올리는 덩어리,
날 지나면 또 천연스레 가슴 울렁임
그래서 포구엔 붉새노을이 탄다.

《현대시학》 1989년 4월호

## 불가사의

 어렸을 땐 논 가운데의 물웅덩이 속에서 노니던 몇 마리 살진 붕어가 내 발걸음을 붙박게 했었다. 한 팔을 내지르면 꼭 한 팔 모자라는 거리쯤에서 그것들은 제멋대로 헤살대며 떠다녔다. 해는 이미 중천서 기울고, 고무신짝을 집어들고 웅덩이 물을 퍼내려는 생각엔 입속부터 먼저 메말라 왔다.

 한나절을 땡볕과 모기에 시달리며 바위섬에서 낚시를 드리우고 앉았던 날, 걸리는 거라곤 고작 허드레 잡고기뿐이었는데 뜻밖에 장대한 흑도미 한 마리가 지느러미를 너풀대며 해면海面 낚싯줄 옆을 늠름하게 유영했다. 한 팔 길이쯤 긴 뜰채라도 가졌더라면 고스란히 떠올릴 것 같은 생각에 입안이 바작 탔다.

 우리의 나날은 늘상 한 팔 못 미침의 목마름이었다. 기대가 충족되지 않음의 안타까움과 회한 끝에, 임종의 자리에서야 비로소 사람들은 그토록 소망했던 삶과 자유가 제 걸음으로 다가와 팔 위에 포개지는 걸 보게 될 터이다. 아, 그땐 중천 기운 날 남은 햇살과 바다낚시터서 빈 바구니로 돌아오던 뱃길의 시간

만이라도 주어진다면!

 ─ 그런데 이날, 바람은 어디서 불어오고, 이루어질 듯싶은 예감은 왜 솟구치는가. 어쩌자고 또 사랑은 한 팔 거리 앞에서 눈빛을 반짝거리는가.

《현대시학》 1989년 4월호

# 우리는 나그네

먼길을 걸어왔지. 때로는
별빛을 이마에 얹고 대숲길을 따라
더러는 가랑비에 어깻죽지가 젖으며
질척거리는 샛길을 찾아 지나기도 했지.
그게 가장 가까운 지름길이었던가
편의를 좇아 우회했던가는 불분명한 채
확실한 것은 가야 한다는 것과
갈 길이 많이 남았다는 것뿐.
이만큼 와서 되돌아보면
길은 실낱 같고
아스므레 달빛에 젖어 있다.
새는 그것이 울음인 줄 모르고 울고
꽃은 미소인 줄 모르면서 벙글 때
사람들은 땀에 젖은 하루의 역정歷程이 삶임을
바로 터득해 왔다.
내쳐 보아도 아스므레한 길이지만
묵묵히 길채비를 서둘러야 하는 게

오늘의 몫, 누구도
가만히 머무를 수 없는 우리는 나그네.

《동서문학》 1988년 8월호

# 새

새들은 큰 숲에서 모이를 찾는다
가장 작은 눈을 뜨고
초록 잎새 일렁이는
빛그늘 사이에서
노래하다가 난다.

부리로 손질하는 양식樣式의 가벼움과
바람에 실려서 혹은 높게 낮게
일이 기다리는 들녘을 짓까불듯 지나
뚜렷한 의사로 재잘대는 게 아닌 만큼
새는 없는 길 위를 넘나든다.

속절없어라, 생각의 더께며
삶의 온갖 짐스러움
광활한 우주 공간 한 모서리에서
작은 머리로 잠기는 명상,
뜻 모르게 짓는 교태.

짐짓 귀 기울이는 시늉을 하나
비상의 찰나엔 모든 걸 털어버린다.

새는 들꽃처럼 무심하게
구름조각처럼 천연스럽게
인간의 울타리 밖, 문명의 사슬 너머에서
제 난양껏 유희한다.
작은 하느님의 재롱이다.

《동서문학》 1989년 5월호

## 새를 향하여

네가 노래하지 않아도 안다.
저문 들녘에서 슬픔의 밭을 가는
목마른 이들 언저리,
채워지지 않는 날들이 켜켜로 쌓인 끝에
마침내 어둠에 묻혀가는
고즈넉한 창가로
종종걸음치다가

너는 울지 않을지라도
강을 건너지 못해 기슭에 앉아
흐느껴 우는 사람들,
황혼에 시름시름 젖더니
밤의 둥지 속으로 잠겨드는
일그러진 얼굴을 비껴서
그냥 날아올라라.

산 너머 강 너머로…

햇빛이 끄는 대로
천연스레 풀씨 하나쯤 물고
사람의 마을로 찾아왔던 개개비,
그러나 불현듯
여름 갈대밭으로 돌아가선
비로소 목놓아
개개 개개 하며 홀로 우는 새.

《실천문학》 1989년 봄호

# 고리
― 戲畫 · 1

  종로 네거리에서 한 행인이 걸음을 멈추고선 저켠 쪽을 향해 손가락질을 하는 듯한 시늉을 했다. 그 뒤를 걷던 두어 사람이 무심코 서서 그쪽을 바라보게 되었다. 어깨를 비비듯이 마주오던 여러 사람들도 또 걸음을 멈추고선 거기 뭐가 일어났나 하고 목을 치켜세운다. 3분, 5분 뒤엔 순식간에 백여 명으로 불어난 군중이 거리 한 귀퉁이를 메운 채 대각선 저쪽에 어떤 돌발사가 일어났는지, 아니면 일어날 것인지에 대한 호기심을 뭉게뭉게 피워올리고 있었다.
  "왜 그래요" "무슨 일인데요?" ― 사람들은 옆사람에게 또 앞사람에게 그 까닭을 묻기 시작하더니 웅성거림은 삽시에 거리 가득히 퍼져나갔다. 흡사 파문같이, 천파만파로…
  정작, 대수롭잖은 일로 손가락을 들어 보였던 행인이 놀란 얼굴로 돌아보며 옆사람에게 뒷사람에게 "뭣 때문에 사람들이 이러지요?" 하고 묻는다. 묻고 되묻는 고리 고리가 이 사람들을 정오의 번화가에 하나의 공동체로 얽어매고 있었다. 분명 무언가 일어나긴 일어난 것이다.

《시문학》 1987년 1월호

## 지상의 별밭

웅휘광대한 우주를 바라보면
그것은 한낱 별밭일 따름이다.
이에 비해 너무나 작은 눈으로이지만
어둠에 감싸인 상공
1988년 서울올림픽 폐막식 날의 장관을
귀착을 앞둔 기내機內에서 내려다보았을 땐
거대한 도시의 불빛들도
또한 지상의 별밭이었다.
저마다의 사연을 담은 방의 등불
아파트, 고층빌딩, 가로의 집단적 광채
열광하는 마음의 불꽃놀이,
저 굽이치는 환희의 빛살과
숨죽여 앓는 속속들이 회한들을
이렇듯 멀찍이서 조망하면
모두 한 덩이 명상의 대상일 뿐이다.
금가루를 뿌려놓은 듯한
땅의 아름다운 치장,

인간적 불멸에의 몸부림으로
수놓아진 융단,
사람 삶의 이 착시현상,
저기 어느 별은 흐느끼는 울음을
또 어느 별은 짓눌린 외로움이 빚어 만든 것일까.
이것들이 보석처럼 빛나기 위해선
그리하여 침묵의 고즈넉한 빛을 내자면
이 세상 사람들을 다
어느 만큼 드높이 있게 해야 할 것인가.

《현대문학》 1989년 5월호

# 명상적

빵을 얻기 위해 노동하는 시간보다
한 채 집을 구하고자 일하는 모습이
조금은 행복하다.
집 마련으로 땀 흘리는 이보다
여행을 즐길 꿈으로 근로하는 사람은
더욱 행복할는지 모른다.
또 다른 기쁨도 있다.
저녁에 한가로이 마시는 커피의 향
홀가분히 산책하는 안개 낀 산책길.
원시인들은 나눠먹을 음식과
함께 모여 살기 위해
흩어져 열매를 따고 사냥하며
제각각의 자유를 품팔이했지만,
지금 우리는 한 토막 여가를 얻는데
나날의 가진 자유를 바치지 않으면 안 된다.
그리하여 사람들은 이제
조금의 자기 몫밖에 가질 수가 없다.

일상을 얼기설기 엮어 집을 짓고
자신을 찾아 낯선 길을 떠나는 이여,
무엇이 보이던가, 마주치던가
자기의 생을 확보하려 두리번대다가
드디어 확실한 혼자의 집을 차지하여
긴 잠 속에 빠져드는 것을.

《현대문학》 1989년 5월호

## 바이칼호에 와서

;
3×6판 126쪽/ 일반 보급본
수록 시편 73편/ 저자 서문/ 해설 박제천
1993년 2월 15일 〈문학아카데미〉 간

## 이슬 같은 자유를

별 같은 자유는 별나라에서 찾아야 한다.
(불변의 금강석으로 빛나는 자유는
만년설의 나라에나 있을까)
아무쪼록 나는
밤이 결코 오래 머물 순 없는,
저물기 전에 모란꽃이 이우는
우리 마을에서
아침이슬 같은 자유를 꿈꾼다.
자칫 깨지고, 건듯 흔들림에도 굴러 떨어지고
그냥 저대로 소멸하기도 하는
이슬의 천진스런 절망,
그 덧없음이 자유를 자유이게 하기에.

바람은 높은 데서 낮은 곳으로만 부는 게 아니다.
그보다 종적없이 사라졌다가
홀연 목덜미를 스치기도 하는 변덕스러움이
얼마나 바람다운가!

《문예중앙》 1991년 겨울호

## 무인도를 위하여

머리카락 한 올 흩날릴 것이라곤 없어
바람은 바람과 부둥켜서 휘몰려가고
짠물은 눈물방울과 포개져
덧없는 출렁거림을 반복하는 사이,
만나리라는 기대 점점 까마득함이
굳은살로 박혀
거뭇한 암벽을 지었는가.
탯줄과 무관한 채 끈자락 하나 없이
떠다니다 소멸하는 물거품과 더불어.
사람들이 헹구듯 떨치고 간
열정 고뇌 비린 것들을
이따금 구름자락으로 스쳐 보내면서
너는 존재의 가장 확실한 몸짓으로
우주에 흔들리지 않는 심지가 된다.
오, 사랑은 홀로가 홀로 아니기를 꿈꾸는 것이리라
꿈꾸는 홀로가
하늘 한편에 다리를 놓고

잎들이 꽃을 피운 뒤 미련없이 떨어짐.
더 먼 곳에서 밀려올 파도를 위하여
노래 잠재우고 울음도 깨문
나의 무인도.
별빛에 씻겨 한층 명징하고
기다림 덧쌓여 어둠속에 우뚝하다.

《자유문학》 1991년 겨울호

## 작은 사랑의 소네트

늦게 뜨는 별이 있어
날 깨워 그대 곁으로 가게 한다.
밤이슬 내려
미나리아재비 노란 꽃잎을 떨쳐 일어나게 하듯
외로움은 숨죽인 어둠에 씻겨서야
피가 돈다 향기를 뿜는다.
저 먼곳 시베리아를 떠난 철새들은
늪과 삼림지대를 지나와서
어깨 비빌 듯 움츠린 마을지붕을 보고는
짝을 짓는다. 깊은 밤을 비치는 불빛,
부끄러움이 막 감미 얻은 복숭아빛으로
드러나는 시간을 놓치지 말라
시방, 바다도 잉태의 때를 기다려
연연히 문 한 짝 열어젖힌다.

《현대시학》 1992년 5월호

## 한 신비주의자의 몽상

달이 뜨기에
아마릴리스 꽃봉오리가 부풀고
바닷속 순결한 마을에서
떼지어 사는 명태며 꽃게들이
노란 알을 품어 만삭이 된다.
숲은 충분한 그림자를 얻어
수상쩍은 잠이 기대될 때,
구근球根은 펑퍼짐하게 자라나며
심해 고래도 신부 면사포를 쓰고 온다.
달빛에 젖어 우윳빛
유혹의 지느러미가 너풀거리면
호오류사 진열장 속 홀로 선
백제관음 허리께 선은 더 한층 부드러워지리라.
달은 시방 태양계의 딸, 혹은
지구 둘레를 도는 위성이 아니라
월장越牆하는 수억 파충류의 더듬이,
바람기 물씬 풍기는 바람이다.

밤이슬에 젖는
오, 달빛 소나타.

《현대문학》 1992년 7월호

# Nocturne

흐르는 물은 선을 짓는다.
징검다리는 점으로 낱낱이 흩어져서
물살에 가로놓였다.
출렁이는 바다에 뜬 섬이며
무중력의 공간에 펼쳐진 별도 그러하다.

돌팍은 나란히 늘어서 다리가 되고
별이 서로 마주보기에 반짝거린다.
나는 너의 곁으로
미끄럼 타듯이 다가갈 수 없어
폴짝폴짝 뛰어서 간다.

이게 춤 아닌가
돌이 섬이 별이 군무群舞를 춘다.
율동으로
선과 점이 하나가 된다.

이팝나무에 달이 걸리고
바람이 호수 수면을 쓰다듬고 가는
그윽한 시간,
한밤중에 개울이 흘러
너와 나 사이에 징검다리가 놓인다.

《설록차》 1992년 7월호

# 밤 지내고

밤 지내고서 동백분盆의 꽃망울 한 개 터졌다.
어떤 것에나 긴 기다림과
가로질러야 할 거리는 있나보다.
음울한 하늘에 무수한 별이 뜨는 북국에선
여름 한철 지내고도
보잘 것 없는 과육질果肉質의 열매를 매다나
거기 꽃은 한층 탐스럽고 진붉다.
긴 밤과 차가운 대기가
더욱 간절한 빛깔을 띠게 했을 것이다.

나비가 찾아오지 않음에도
꽃이 살문을 열어젖힘을 보아라
몇 해 동안의 시도 끝에 가까스로.
무가치함이 지닌 가치의 은은함,
살아 있는 것이 확보하는
더운 입김의 그 반경에
보석 하나 매달렸다.

산에 감도는 이내는 더 검푸르도 좋고
사람들은 먼길을 돌아야 할 때도 있다.

《중앙문화》 1992년

## 나의 새

숲속에 사는 나의 작은 새,
외로이 날고 홀로 울던 너는
이 장맛비도 혼자서 맞느냐.
빗물에 깃이 젖고 심장이 젖다가
마침내 울음까지 젖어드느냐.
나는 알고 있다. 우거진 수풀 사이로
길을 내며 재빠르게 빠져나가던 때의
가벼운 자유, 빛나는 비상을.
너무 가벼운 울음은 실바람에 묻혀버리고
날았던 자취도 찰나에 지워짐을.
가장 작은 풀씨를 얻기 위해
너는 더 낮게
더 멀리 날지만
빠름의 슬픔과 그만큼 빈 공복의 무게,
그리고 비오는 이날
빗방울 하나하나의 더 큰 무게.
명주실낱 비애를 빗방울로 받는

숲속의
나의 작은 새.

《한국문학》 1989년 9월호

# 별

저기 차디차게 빛나는 별이 있어
사람의 마을을 이따금 고요에 젖어들게 하고
그래, 밤내 반짝이는 별이 있어서
지상의 허섭쓰레기를 갈아눕히는
자정작용을 하는구나.

얼어붙은 흙에선 풀뿌리
곳곳에 여름내 여문 씨앗이 뿌려졌으나
그것들이 아무런 메시지도 전하지 않은 채
망각 가운데 떨어져 누웠을 때,
별은 더 멀고도 깊은 어둠속에서
철학 이전, 시詩 너머의 언어로
명징한 경구警句를 표현하고
암시 이상, 뜻 너머의 눈짓으로
미래의 시간과 꺼지지 않는 사랑을 속삭이는구나.

광년으로 헤아려지는 거리가

이마 위로 와 얹히는 밤과
가장 큰 물체가 가장 작은 빛으로
가슴에 뜨는 신비가 있어
사람들로 하여금 침묵을 배우게 하고
덕지덕지 낀 마음의 때를 벗겨
거듭거듭 태어나게 하는구나.

우리가 아무리 크고 빠르다 할지라도
별이 될 수 없고 다다르지도 못하지만
진주처럼 견고한 고독과
타오르다 타오르다 마침내 등대불처럼
아스라한 빛이 되어버린 사랑은
별이 될 수 있음을
그래, 별로 떠오름을 알겠구나.

《민족과 문학》 1991년 봄호

## 어스름녘 둥지 속같이

논둑 푸섶 틈의 쑥부쟁이 도라지
여저기서도 기척을 하고
쥐오줌풀에선 쥐오줌 노랑물
며느리배꼽 열매가 붉게 맺힐 땐
가을이 더불어 익어가리.

우리 땅이 남의 땅 될 수 있으랴
흰옷 백성이 다른 골상骨相 되랴
억새지붕 위 찬이슬 내릴 때 헤어졌으면
두릅 새순 돋는 철에
만나면 되지.

이산 반세기의 열 곱을
왕조 오백 년보다 또 열 배를
한 피붙이로 살아온 날들이 은하되어 흐른다.
간밤 돌아누운 내외가
잠깨어 마주보고 빙긋 웃듯이,

둥지 떠난 새들이 돌아와 흔연한
어스름녘 둥지속같이.

《현대문학》 1990년 10월호

## 우리의 허무주의

열차는
거대한 몸체를 들이밀면서
씨근대던 숨결을 크게 한번 토한 후
플랫폼에 당도했다. 물밀져 오는 슬픔
꽃잎이 하르르 지는 풍경과
샘솟아난 물이 스밀 데를 찾아 흐르는
리듬의 뒤곁에서

힘겨운 주행 끝의 휴지(休止). 가속력에서
점차 하강하는 힘, 고조되었던 것은
그만큼의 부피로 허망한 종착에 귀결된다.
막무가내의 돌관(突貫) 위에 퍼부어졌던 햇빛과
세차게 맞부딪쳐 왔던 바람은
흔적도 없이 사라져버렸고
노예의 튼튼한 성기같이 대기해 있는
무기질 덩어리 - 우리의 허무주의

철로는 저쪽 밝음 속으로 뻗어 있고
열린 세계로 조화의 아늑함이 넘칠 때에.

《문예중앙》 1991년 겨울호

# 인연

지하철 에스컬레이터를 타면
함께 내려가는 사람의 얼굴은 알 길이 없고
엇갈려 올라오는 낯선 면면들만
빠짐없이 바라보인다.
진눈깨비에 젖었든가
곧 진눈깨비에 젖게 마련인 점으로는
공동의 날을 이고서 흩어져들 간다.
신은 이들에게
같은 빵과 소금을 허락했을 것이나
기쁨을 포개고 슬픔을 쪼개듯
오늘 감당하는 삶의 질과
그 무게는 제가끔이리라.
땅속은 흙벽에서 일어나는 바람
내려가선 더 깊숙이 가라앉을까
눈비가 내리는 지상으로 올라가는 이는
소망하는 곳에 당도할 것인가.
지하를 빠져나가는 이는 정면으로 마주하지만

같이 밀려든 사람은 등만 보았을 뿐인
진실이 날을 번득인다.
더불어 젖는 일 말고는
서로 불가측不可測의 거리만 짚여지는
세상 이룸의 이 어둠,
인연의 헝클어진 연결고리.

《동서문학》 1992년 봄호

# 오늘의 비

간밤엔 희뿌연 대기 너머로
희한하게 별 몇 개가 보이더니
오늘은 겨울을 재촉하는 산성비가
척척히 내린다. 비단 이날뿐일까
언뜻 비치곤 하던 기쁨은
수평선 저쪽 거룻배처럼 사라져가고
머릿결에 젖는 오한의 긴 날만
완강하게 다가서는 게.
우리에게 산다는 일은 실로 불가해한 방정식이었다.
왜 슬픔에는 소금기가 있으며
고통은 정화淨化의 향유가 되는 것인지,
바라보면 먼산 뒤로
더 큰 산이 어렴풋한 것인지.
우리가 온몸으로 부둥켜안아
끝내 놓치고 싶지 않은 건 아지랑이로 일렁이고
피로가 발끝까지 내리훑는 땀의 귀가에는
앙분만이 휘감기는 이 땅은

누가 섭리하는 곳인가.
별을 지우고 먼산마저 가리며
확실하게 오감을 적셔드는
오늘의 산성비.

《현대시》 1991년 1월호

## 목젖이 타는

마침내 자신을 지탱할 수 있는 건
스스로에게 찾아야 할 극기뿐.
작은 분재의 마사토에 뿌리 내려
솔잎 몇 낱 파랗게 매단 적송은
베란다에 비낀 한 줌 볕 아래
전신을 모두어 받쳐든다.

자연의 정수리를 찌르는 실뿌리,
한낮을 가로지름의 신산辛酸함과
짓눌린 뼈다귀의 저 내색이 없는
눈. 체념일까 용서일까
고통이 차곡차곡 뭉쳐서 옹이가 된,
진주처럼 단단해진 응어리에선
서릿발 같은 게 내비친다.

일도一刀 정신은
이글거리는 용광로 속에서 빛나고

끝내 용출되지 못할 땐
퍼런 인광 한 줄기쯤은 번뜩일테지.
가까스로 목숨 건사하기에
목젖이 타는.

《문예한국》 1992년 봄호

# 남성적

그악스런 파도 속에서
자맥질을 거듭하던 뱃머리가
천파만파의 물거품을 미끄러뜨리며
밋밋한 동체를 솟구쳐 올린다.
정면 돌파하는 남성적 저돌에는 흰눈,
꽃잎들이 비명을 지르며 잦아들었다.
〈대양에 나가
풍전뇌화風前雷火와 싸워본 경험이 없는 사람과
어떤 얘기를 나눌 수 있단 말인가?〉*
고래 두부의 기름통에 빠져
바닷속으로 가라앉을 때에도
재기의 길은 있다.
여신의 용광로에서, 거품의 탄생에서.


해가 기웃한 서해안
간조의 개펄
수로를 따라 돌아오는

순종 어부의 그을린 얼굴은 찌들어 좀스럽지만
그는 자신의 바다와 힘껏 겨루었고
이제
밤의 대양 아궁이를 다스릴 것은
믿어도 좋지 않겠느냐.


\* 허먼 멜빌의 장편소설 〈백경〉에서

《가정조선》 1992년 6월호

## 일과 노래

일하는 동안의 구슬땀과
휴식 틈서리, 목덜미에 감기는 산들바람엔
싱싱한 인간적 냄새가 번진다.
썩지 않는 것에서
수액樹液 냄새가 맡아지기 때문이다.
높은 산에선 통나무가 베어져
강으로 쏟아져 내리고
채광된 덩이덩이는 용광로에서 녹아
벌건 쇳물로 흐른다.
세상은 이런 출렁임으로
강건한 틀이 짜여진다.
역동적 시간을 만들어나가는
근육의 꿈틀거림과
작업 끝의 숨고르기,
삶을 사랑하는 일의
이 소금기.
안간힘을 다해 밀어 올리는 궁글림으로

지구가 돌고, 바다가 울렁이고
그리하여 사람들은 저마다
은빛 고기떼를 향해 그물을 던져
하루의 평화를 건져 올린다.

《한국문학》 1989년 9월호

# 작은 사회의 실루에트

 다복속밭 속의 애솔들처럼 발뒤꿈치를 치켜들 필요가 없이, 눈높이만큼의 세상을 바라보며 서로의 어깨 위에 고개를 눕히든가 얹도록 놓아두기도 하고, 흰 송곳니를 드러내더라도 5분 또는 10분을 못 넘겨 입 가장자리 근육이 무지근해져 제풀에 풀어져버리는 작은 사회의 대수롭잖은 평화. 덩치 크다고 으시댈 바 없고 키 작아 주눅들지 않아도 좋을 이웃끼리, 조금쯤은 눈시울 슴벅이게 하는 일과 마주치기도 하며 잃어진 사랑으로 가슴 한켠이 불현듯 아려오는 귀 모지라진 사연 한 장쯤 간직하고서… 때로는 확실한 낯색으로 날아드는 (빨간색의 경고문이 찍힌) 독촉장, 공약公約이 공약空約으로 끝나고 사물이 사물화私物化하는 모순의 부슬비가 내리는 어둑발에 젖어들면서도 빨간 우체통 앞에서 이 구멍 저 구멍 기웃거리는 사이, 그동안에 음울함을 깜박 잊고 마는 건망증의 평화― 우리 작은 사람들이 살아가는 동네의 작은 사회 실루에트를 떠올리면 아득한 하늘나라가 어디 그렇게 멀기만 할까, 멀기만 한 건가.

《문학세계》 1992년 7 · 8월호

# 높고 큰 신비
– 백두산 시편 1


1
저 높음은
백운을 무릎 아래 휘두르고 앉았기보다
안개구름이 이마를 스쳐가는 때문일 게다.
애애로워라, 백두산
쥐라기의 시푸른 물을 담아 안고
천지간을 심장으로 끌어당기며
뜻 짓지 않는 뜻, 말없음의 말,
정지해 있음의 몸짓은
어디서 연원함인가.

    하나의 하늘을 열게 하는
    하나의 땅을 펼치게 하는
    하나의 민족을 살게 하는
    하나의 역사를 이루게 하는

빛과 어둠의 경계 너머

드러냄과 감춤을 거듭 되풀이하며
여일하게 우뚝 대덕大德으로 자리함은
진실로 어떤
섭리에 의함일까.

2
저 큰 것은
끝간 데 모를 삼림지대를 산록 첩첩이
바다로 출렁이게 해서가 아니라
그 목덜미에 청태를 끼고 있는 까닭이다.
그러고도 정상엔 이끼조차 발붙이지 못하는
다공질의 화산재,
천길 바위 벼랑끝
잡히는 것이라곤 허공뿐.

희망을 한 부대자루로 갖고 살아온 이
여기 올라 모름지기 옷깃 여미어라.

절망을 기미로 더께져 온 이들은
마침내 기댈 언덕이 있음을 알리라.
어제까지의 장엄
눈썹 위의 지엄,
오직 하나의 산봉우리이되
오, 해발 2,744미터.

눈물을 덧없게 하는 뼈대
하얀 백두白頭
몰아지경으로 밀어넣는 신비
천지天池의 물빛.
순식간에 산머리를 구름으로 감싸버리는가 하면
어느 사이 느개 장막이 걷히는 천변만화
이 숨막힘은 어디서 오는가.

아무도 없는 데에 홀로 있고
모든 있음의 근원이면서도

불가측의 피안에서 태초 그대로인
백두산! 무어라 지어 말하랴
침묵함의 오의奧義, 잠언 이전의 무위자연
그러면서도 대지와 사람을 받치는
정기 그윽하다.

《한국문학》 1991년 11·12월호

## 바이칼호에 와서

바이칼호가 비에 젖는다
번들거리는 가을숲 속살,
깊고 투명한 물이 젖을진대
이 세상에 젖지 않을 게 어디 있겠느냐.
시베리아 쪽에서 밀려온 기류는
아직은 사랑이다.
머잖아 흰눈으로 가득 덮어
바이칼 수림대樹林帶를 헐벗기며
깊고 푸른 물을 한층 시리게 한다 해도
그것은 미움이 아니다.
한 번 태어나서 사라져가는 게 부질없는 것처럼
죽음보다 더 그윽하게
신비의 저 끝을 감추고 있음 또한
부질없는 일이어라.
머리카락에 빗방울 방울 맺힐 때
바이칼호도 젖어들고 있다.

《문예정신》 1992년판

# 카프카의 집

;
3×6판 136쪽/ 일반 보급본
수록 시편 78편/ 저자 서문/ 해설 양진오
1998년 3월 30일 〈문학과 지성사〉 간

## 은유법


가슴속에 푸른 날刀 하나 품었다면
고슴도치마냥 비늘 곤두서겠으나
몸이 통째 날같이 벼려질 땐
다만, 슬픈 미학이다.
부러진 것의 싸늘한 종말.

꽃불 쬐어도 마음 시리거든
지닌 가장 따뜻한 것을
주저함 없이 남에게 주어라.
흰 눈 속의 동백 빨간 망울들
살얼음 밑 인동忍冬의 파란 돌미나리,

그렇듯 삭히고 돌아누울 때
죽음보다 참기 어려운 시련도
해질녘
흔들리는 목교木橋를 건너 숲으로 간다.

《시세계》 1993년 봄호

# 사랑을 위하여

한 덩이 수석도
던져진 제자리에 놓여 있을 때에
꿈을 꾼다.
새들이 가지 위에서 노래하듯이.
우리에게 발 뻗을 방이 있어서
저기 외딴 섬이 홀로
파도에 씻기며 우뚝하리라.

바다갈매기는
새끼를 낳아 기르기 위해
북녘 스피츠베르겐을 떠나
해가 지지 않는 곳
남극까지의 먼길을 난다.
그대여, 호접란 하얀꽃이 벙그는데
우리는 지금
무엇을 해야 하며
어떤 노래를 불러야 할까.

《문학세계》 1994년 1·2월호

## 불굴에 대하여

죽음 앞에서 죽음을 직시하고
죽음을 명상하는 사람,
어부가 수면 아래 철갑상어의 금빛 몸놀림을
긴장하며 응시하듯,
먼 길 떠날 채비를 차린
늙은 베드로의 다문 입처럼.
아직 때가 이르지 않았음에도
겨울 틈바구니에 자리잡은 매화의
그 내면에 숨쉬는 열정은
작아도 불굴이다.
매일의 날엔 반드시
맞서고 획득해야 할 어떤 것이 있다!
한 번도 꺾여진 적이 없는 명예보다
두 번 꺾이지 않으려는 의지,
흐름에 다소곳할 수 없는 자유로부터
내일이 예비된다.
추위 속에서 더 청정해지는 정신이

공룡의 뼈를 찾아
홀로 빙하기의 산을 오른다.

《보건세계》 1996년 6월호

# 5월에

꽃은 높은 데서 부서진다
그 위에 떠도는 것은 다시 돌아오지 않는 새.
혹은 저 홀로 일어났다 스러져버리는 바람뿐.
별은 더 높이 반짝거리다가 소멸한다.
빈 들녘 낮은 곳에서의
잠든 평화. 암반처럼 엎드려 누운
불감의 아늑함.
그런데 부실하게 너풀대는 나비가,
건성 부는 바람이 그대를 깨워서
꽃대궁 위로 숨가쁘게 끌어올린다.
　　– 그녀의 영혼이
　　　모든 핏줄과 땀구멍을 통해 뛰쳐나와
　　　자신을 그에게 보이려하는 것을 느꼈다.*
안돼!
가위눌려 외마디 비명을 질렀을 때
꽃은 절정에서 찢어지고 있었다.

\* 밀란 쿤데라의 《참을 수 없는 존재의 가벼움》에서

《문학사상》 1993년 6월호

# 연가

새는 잠이 들었다
- 밤물결 소리.
새벽 지나며 박꽃 벙글 듯
그댄 그렇게 찾아오려나
- 달빛 아래 나무울짱.

골목길로 길게 뻗은 덩굴장미 가지는
바람 한번 불 때
서너 번 흔들렸다.
매달린 꽃의 무게만큼
더 무겁게 흔들렸다.

어쩌자고 저렇게 뻗어서는
삼백육십오일 흔들리는 걸까?
나는 또 어쩌자고
뒤척이며
그대 기다린다는 거냐?

《월간 에세이》 1994년 7월호

## 가을이 강을 건넌다

목련 잎사귀가 떨어지면서
플룻을 분다.
바람 불어 활엽수가 덩달아 잎을 털 땐
목관악기 합주가 이루어진다.
목련은 우주의 일부,
잎새가 발성하는 독립된 소리들이 어울려
새로운 다성악을 엮어낸다.

하나의 나무는 우주의 일부인 동시에
일부의 전우주이다.
스스로의 하늘과 물의 순환을 가진
바람과 새와 흔들림의 공동체.
적막한 날과
서리 내린 저녁을 지나며
제각기의 몸짓과 음색을 익힌
그들이 전신으로 하모니를 만든다.

가을이 강을 건넌다
숨은 신이 은하를 건넌다.

《현대시》 1996년 2월호

# 시인

바다의 푸름을 걸러보려
고운 채에 퍼붓고 붓고 해도
푸른 색소는 좀체 건져지지 않았어요.
어제 그러했던 것처럼
오늘은 또 먹고 살 일이라고 안간힘쓴 건
대바구니 가득
소금을 퍼다 어디엔가 붓는 일이었어요.
내다 팔려는 게 아니고
그냥 우리 삶의 지반에 뿌리려고요.
운동장 바닥을 다지기 위해서가 아니라
모래밭을 정화시키고
아직 오염되지 않은 땅을 지레 우려해서
바다의 소금, 시간의 소금,
땀과 창조의 소금을 한 소쿠리씩 져다 부었어요.
가장 쓸모 있는 일을 찾아한다는 게
남들이 바닷물을 끌어들여
힘겹게 만들어낸 소금을

푸름이 걸러지지 않는 바다에다
던져 넣는 것이었어요.

《시세계》 1993년 봄호

## 카프카의 집

> 어느 낯선 세계, 공기조차도 고향 공기의 어떤 요소도
> 갖지 않은, 낯섦으로 질식할 듯한 곳, 미친 유혹들 속
> 에서, 그저 계속 갈 뿐.　　　　　– 카프카의 〈城〉에서

저녁 어둠이 안개에 젖을 때
만종晚鐘 종소리는 낮은 곳으로 잦아들고,
한사코 사물을 밀어내려 해
집의 낯익은 현관 문고리를 잡고서도
여기가 어디던가,
묻게 한다.

불그스레한 가등 불빛 아래
포도 돌바닥이 번들거릴지라도
끝내 고독했던 사람은
여전히 그늘진 모퉁이에서 서성대며
그의 집에 붙은 포스터의
얼굴 또한 춥고 그로테스크하다.

다만 헤매다닐 뿐.
(굴뚝에서 한가롭게 풀려나는 연기
나무 끝에 오도카니 올라앉은 까치둥지
가족의 웃음소리)
그 성城은 멀고 멀어
이방인의 집은 비어 있다.

밤이 더 깊어서는 안 된다, 프라하여.
불안은 언제나
한걸음 앞서 스멀거리지만
보헤미아 처녀여
귀가를 서두르지 말라
머리카락카락 물 미립자 방울 맺히기 전엔.

# 더 차가운 는개

상징은 이처럼 돌연히 예감된다.
내가 사리의 실마리를 찾아 해변에 섰을 때
뺨에 차갑게 와 닿는 물 미립자;
    미망迷妄의 장막 뒤서 형체를 지어
갑작스레 달라붙는 는개 자락.
      사물이든 사태든
온전히 설명되어진다면 불확실한 것이며
필시 오류를 전제하게 마련이다.
영문을 알 길이 없는 자욱함이 있어서
뿌리들이 먼저 알고 뒤척이고
바다는 벌써 젖을 채비다.
세상에서 보다 명징한 건
    어둠에서 태어나는 사상事象;
      더 차가운 는개.

《시와 시학》 1997년 여름호

## 어디서든 단내가 난다

북극 빙하지대를
수천의 순록 떼가 이동을 한다. 단내 뿜으며
무리를 이끄는 수컷의 강인함일지라도
백야白夜는 미상불 깊고 아득하다.
덩굴성 식물의 덩굴손은 한낮에
여린 목을 치켜 올리느라
겹겹 그늘 속에서 실 같은 욕망을
쉼 없이 옴지락댄다.
모든 고독한 몸짓에선
절박한 안타까움이 내비친다.

오르가슴 가까이서
거칠게 짓밟으며 내닫는 발굽들
덩굴손의 은근한 정중동靜中動.
어디서든 단내가 나지 않을까
아무려나, 아틀라스의 양 어깨가
세계를 떠받친다.

《문학과 창작》 1997년 12월호

## 모험

누군가 허공을 향해 화살을 쏜다.
혹은, 손닿지 않는 무지개를
물감으로 칠해 가지려 든다.
떠난 화살은 돌아오지 않고
무지개는 흔적을 지워버리고 말 터이지만
순간의 황홀한, 가슴속 꽃바람 일던
열정은 어둠에서 빛난다.
그것은 모험의 또 다른 이름.

물씻김 잘된 단단한 돌이
제 놓일 자리에 있는 걸 보면
정지 속의 변화를 읽으리라.
오랜 세월이 하나의 덩이를,
미끄러운 물살이 쉼 없이 넘쳐
부드러운 선을 지었다.
이 신선한 자연의 숨결

거푸 낭패함에도 삶은 이어지고
다시 가슴 울렁이는 데서
세월은 쌓이고, 그 역시
물흐름 같은 것.
개울물이 무위롭게 쓰다듬고
때론 굽이쳐 휘감는
저 낭랑한 몰입,
그것이 바로 우리 생의 잠언이다.

덧없음을 미리 알고 있는 눈이
암흑이다. 체념 위에
죽음이 포개 눕는다.
살아 있음이 바람, 머물지 않으므로
자유로운 모험에 나선다.
바람이 꿈으로 부는 날이
진실로 눈부시다.

《문예정신》 1992년 겨울호

## 폭설 주의보

작은 굴뚝새 한 마리
포롱포롱 날갯짓을 한다.
많이 내릴 낌새를 감춘 채
눈발 시나브로 희번득이는 굴뚝께의,
그 눈발처럼 희끄무레한 연기가
힘살 없이 풀려나는 굴뚝 언저리
배고픔이 과연 저토록 가벼울까
속절없는 것일까 굴뚝새의 여린 울음소리.
어스름녘 스산한 산하의 한 점 따스함으로
포롱포롱. 밤을 넘길 눈꺼풀이
저녁연기보다 가뭇없을진대
미구에 눈사태가 날 게다
폭설주의보다.

《현대시》 1997년 11월호

# 저물녘

힘든 일을 한 남정네가
혼자 술잔을 기울이고 돌아온다.
밤엔 열심히 사랑을 하고
등을 돌린 채 잠들리라.
홀로 기지개를 켜고 (아득할라치면)
바늘귀로 듣는
신의 기적.

한 남정네가 어깨를 늘어뜨리고 어둑한 골목으로 접어든다. 단성單性의 귀로. 생각은 포말일 뿐. 재앙은 항상 겹으로 닥쳐오나 죽음은 외롭게 오리라. 나뭇잎은 가지 끝에 무연히 매달려 있고… 그때 왜 그랬던가? 늦가을 바람이 헛헛한 목덜미를 핥고 가자 코끝이 알싸해졌다. 저무는 날이 그림자를 지운다. 집에 당도하기 전 노래를 흥얼거리고 싶은 충동도 바람이다. 어떤 무엇을 환기시켜줄 그런 노래마저…
 – 헐거운 바짓가랑이 하나 돌아오고 있다.

《시와 사람》 1996년 여름호

## 바닥에서 바닥으로


사내는 산역山役의 고된 삽질 끝에
산 입에 술잔을 털어넣는다.
그 사내의 안댁은 이웃의 해산을 도와주고
돌아와 아궁이에 불을 지핀다
팥죽을 쑨다
불그레하게 끓는 시간,
허드레 품으로 하루를 보낸 사람에게 밤은
바닥까지의 길을 열어준다.
(하천이나 바다 바닥에선
암컷의 산란 언저리로
수컷 짝이 정액을 허옇게 뿌리고)
이웃끼리 잇닿은 건 바다,
더 밑바닥에서 내외가 엉겨 수선스레
해감과 알들을 게워낸다.
배꼽을 드러낸 채 잠든 아이가
초원을 배회하는 포식자
사자꿈을 꿀 때

사방 바닥 깊이 밤이 쌓이고
팥죽 같은 잠이…

《동서문학》 1997년 여름호

## 갠지스 강의 추억

일출을 맞으러 가는 거룻배의
노 끝에서 부서지는 물소리,
영혼을 헹구는 시간이다.
강은 자신을 선택한 사람만을
유장한 품으로 선택한다.

간밤의 부산스러웠던 번뇌는
푸른 물속 깊이 가라앉았고
울음 울던 새들은 아직 나타나지 않았다.

뒤돌아보면 갠지스 강 계단 아래서
새벽 화장의 연기가 아련한,
그 아침은 더 천천히
그리고 명상적으로 다가온다.

누군가가 태어나고
살다가 한줌 연기로 사위어가는

섭리의 흐름, 갠지스 강이여
커다란 햇덩이가 구름장 위로 솟구쳐 올랐을 때
강의 대안에선
젖은 삭정이 태우는 불길이 멀다.

밤사이에
강은 자정自淨이 되었을 것이나
투명한 수면에 얼비치는 얼굴은
잠시 떠올랐다 홀연 지워진다.

《현대문학》 1995년 9월호

## 여름 한가운데서

여름이 쇠기둥 하나를
땅의 중심에 박는다.
사바나의 악어가
강을 건너는 누 떼며 얼룩말을 덮쳐선
토막쳐 삼키므로
생명력이 순환된다.
우기는 여태 아득하여
만상을 말려 태울 듯한 염천 아래
흙먼지 속 소금기 밴 울대뼈들…
전신으로 삶을 부둥켜안은 자여
세상 악다구니 한가운데서
그대 심지에 불 밝혀라.

여름이 그 무지를 달궈
늪이며 둔덕 어디나 쇠기둥을 박는다.
잘 흔들리던 풀잎까지
질긴 섬유질로 **뻣뻣**하다.

《현대시학》 1997년 10월호

# 상실

둥지로 돌아오지 않았다
보라매를 하늘자락에서 봤는가
송골매는 그 노송 가지에 가파르게,
해동청은 과연 파도 위를 넘나들고 있는가

우리 기억 속의
매의 매서운 눈
눈동자 깊이 드리워진 초조함과
날카로운 부리의 위태로움,
발톱에 감춰진 긴장…

하늘자락과 노송 가지, 바닷바람을 타는 게
새인가, 사라져가는 희끗한 그림자인가
휑뎅그렁해진 산하를 향해
내려치는 회초리
묵시의 매!

《문예시대》 1997년 가을호

# 숲

숲은 아직도 희망을 말하는가
그것은 사람들의 생각일 뿐,
자신을 가꾸지 않음으로써
숲은 한 방울의 물을
걸러낸다.

쌓인 부엽토가 풀씨를 품듯
과거 속에 미래를 간직하여
대양의 깊은 수심이 되고,
햇빛 여울로 신천옹이 날아올라
미래 속에 과거를 거둬안는
하늘이 된다.

길이 나지 않는 곳에
길이 있음
모든 땀구멍을 통해 강을 이루며
땅 밑 바람을 불러일으키는

침엽수림대.

숲은 마침내 절망을 말하던가
그것은 생각의 생각일 뿐,
숲은 언제나 꿈자리이며
삶 바깥의 삶
미지를 미지로 남게 하는
신神의 영토.

《삶터문학》 1993년 7·8월호

## 밤섬을 바라보며


캄캄한 밤하늘에
홀로 반짝이는 별의 덧없음,
시인이 한밤중에 한 편의 시를 쓰면서
문득 떠올린 낱말의 부스러기.

서울 한복판을 관류하는
한강 배꼽자리의 공터
밤섬의 저 고요함.
(유용과 효율
가치와 생산성을 등진 언저리)
— 헐벗은 한 조각 땅이
숨을 쉰다 다소곳이
노자老子가 숨을 쉬고 있을까
무용無用의 밤섬에서.

철새도 떠나간 이른 봄에
시든 풀더미에 덮인 반뼘 황무지가

더 큰 황무지의 탈진을
가까스로 연명시키고 있는 경구警句를 읽는다.

《삶터문학》 1993년 7·8월호

# 메시지


(나는)
작은 희망의 산등성이는 물론
삼남을 거느리는 지리산까지도 올라보았고
저 남녘 땅 끄트머리 토말土末에도 가보았지만
한번 쓰러진 숲이 다시 일으켜 세워진 곳은
한 군데도 보지 못했다.
만일 그런 숲이 있다면
완성이란 걸 확신하겠다.

어릴 적에 꿈꾸었던 백마의 기사며
'열려라 참깨!'를,
어둠 속에서 사랑을 지켜준다는
별들의 약속도 믿을 게다.

숲은 잠자는 미녀의 나라
영혼의 술래잡기 터이며
지혜로운 경전이다.

순례자는 숲이 있어 길을 떠날 테고
오랜 나날이 지난 후
세월은 그 그늘로
멋진 로빈 훗 모자를 쓰고 돌아올 것이다.

그 숲이 차례로 무릎을 꿇고 있다
정녕 무엇을 기다리겠다는 건가.

《현대시》 1996년 2월호

# 원願

그를 꼭 만나야 한다
보호구역을 뛰쳐나가 원시림 속으로 들어간
'늑대 울음소리'란 이름의
최후의 인디언 추장을.
늑대 하악골 같은 단단한 턱, 지혜 그득한 눈빛이
언제부터 늑대 울음을 터뜨렸으며
동족의 울타리마저 등진
그의 정의正義
외로운 자멸과 만나기 위해.
숲이, 한 늙은이의 꺼칠한 오만과
헐거운 사슴가죽 행낭,
와그르르 쏟아져 내릴 듯한 별 아래서의
서리 덮인 꿈을 어떻게 지켜줄까.
목이 쉬어 들쥐조차 방심할
그의 늑대 울음소리를
살여울이 귀 씻어 들을까.
시간이 벼랑 끝으로 밀쳐 떨어뜨리기 전

묻혀 그루터기조차 남지 않을
시린 영혼을 찾아서.

《문예시대》 1997년 가을호

## 찬란함은 더 늦게 올는지 모른다

찬란함은 더 늦게 올는지 모른다.
꽃봉오리를 맺은 장미는
작년에도 귓불을 붉혔었다.
강가에서 모래성을 쌓던 아이들이 자라나
블루 진 차림으로 겉멋을 부리지만
희망은 전날의 낱말일는지 모른다.

숲은 아직도 울창한가
짚지붕 처마자락에 매달렸던
고드름의 카랑카랑한 차가움은
기억 저편에서만 빛난다.
미상불 잃을 것 없는 여인이
봄 화장을 하는 동안
시간은 소리없이 하르르 지고

살아서 백년, 죽어서 백년인 주목나무가
둥치만 남겨진 채

산그림자 속에 묻혀간다.
찬란함은 아무래도
더 늦게 올는지 모른다.

《심상》 1997년 5월호

## 백년보다 긴 강

우리 핏줄의 강을 보아라
그 길이대로의 시련 끝에
해수병 앓듯 음울하게 흐름을 짓는다.
한 발자국 앞이 캄캄한 어둠인
저물녘 하늘에 예감이 어린다.
짓물러진 수초水草
상한 날개와 함께…

백년간의 고독*
의 노래는 잠들었다.
백년보다 긴 하루**
의 사연은 가라앉아서
백년보다 긴 강

다만 스적이는 물결과
이끼를 적시는 생명이었을 뿐,
뻗어나온 버드나무 가지에서

미나리아재비와 쐐기풀, 자란紫蘭꽃 화관을 쓴 채
떨어져 내린 오필리아의 영혼이
물살 위로 어른거렸던
눈부신 날들.

사태는 명백하다
사람들은 이제 강가에서
바랜 기억과 죽음의 사념만 건져 돌아올 게고
우리가 우리를 용서할 수 없듯이
용서받지 못할
자신의 얼굴을 보게 되리라.

강안江岸엔 미루나무 느티나무 한 그루조차
서 있지 않은 민둥 구릉,
산도 그림자를 거두어들인
저 불모의 하류.
위대한 것의 종언終焉은 장엄하게 마련이나

강은 지금 넝마조각같이
오직 남루일 뿐.

* 가브리엘 마르케스의 장편소설 제목
** 친기즈 아이트마토프의 장편소설 제목

《현대시학》 1996년 8월호

# 응답 시편

;
국판 152쪽/ 일반 보급본
수록 시편 79편/ 저자 서문
1998년 10월 15일 〈성바오로〉 간

# 아베 마리아 1

한없이 상냥하고 따스한 빛이시니,
둥지 떠난 새에게
돌아오는 길 비추시고
바람이 다니는 길목엔
은난초 두어 포기 이삭꽃차례로
피어나게 하시니,
슬픔에 겨운 사람아, 싸맨 머리 풀고 나올지라!

천사 같은 아이들이 감꽃 화관을 만들어 쓰고
성 안팎을 쏘다니는 동안
어미는 사립짝에 붙어 서서 목이 길다.
그때에도 따스하고 상냥한 빛이
저물녘, 완강히 닫히는 하루의 마감에
돌쩌귀를 달아놓으므로
저녁 시간 살갑게 여닫게 하느니!

오, 아베마리아

빛의 샘이여!

《가톨릭신문》 1998년 9월

## 아베 마리아 2

부드러운 음성이
닫힌 곳간 그 빗장을 풀게 한다.
고개 마루턱 조랑말의 지친 무르팍을 일으켜 세우는 건
색감도 연연한 진달래꽃이다.
발뒤꿈치 말아올리는 파도는
하늘 끝에 아득한데
은근한 화롯불 곁의 자장가 한 소절
가슴속 달무리로 걸린 사람은
하룻밤 편한 잠자리를 등진 채
루오*의 밤길을 걸어간다.
달빛이 숲 가장자리를 맴돌며 숨바꼭질을 하는
거기쯤서 가는귀로 듣는
먼 다듬이질 소리,
그리운 이여, 그리운 이여.

* Rouault_현대 프랑스 제일의 종교화가

《가톨릭신문》 1998년 10월

# 산타 마리아 1

눈밭 위서 홀로 종종걸음 치는 노랑부리저어새는
자애로움이 어떤 것인가를,
그 눈발 휘몰려 희끗희끗해진 들녘의 남루는
정결함이 무엇인가를 알 게 분명하다.
골 깊고 덮을 이불 없어 산자락이라도 끌어당기고픈,
송장 뼈마디가 우두둑 소리를 내는 저물녘에
하얀 깃털이 천지간을 감싼다.
적벽赤壁 아래 강물은 지어미 허벅지 위로 다리를 포갠 듯
마침내 깊이깊이 가라앉는다.
제철 양파밭 머리에 수많은 흰나비 떼 춤을 춘다.

《현대시학》 1998년 6월호

# 산타 마리아 2

    은총 가득하신 이의 드리운 아마포亞麻布에선 요정들이 숨바꼭질하는 숲의 숨결이 일렁이고, 라파엘로* 성화의 아기 젖내 같은 내음도 살풋했다지요. 그래서인지 그분이 마른 흙벽담 끼고 나들이할라치면 담 밑에선 때를 기다렸다는 듯 냉이며 나리가 움쑥움쑥 움돋아났대요.

    그분 귀밑 머리카락에선 일상 봄기운이 들쳐 일어나 그로써 밀밭은 푸르름을 더해, 종달새 높이 날며 진종일 지저귀었다지요. 때문에 아기는 아빠엄마가 부자나 미인 아니어도 칭얼댈 까닭없이 하루해가 무심결에 저물었대요. 호수로 나가 투망질하는 배엔 물고기 가득했구요.

    개인 날 산등성이에 걸린 무지개처럼 죄없이 살다간 이 있어, 개울물은 깨들거리며 흐르는 동안 스스로 맑아지고 솔바람 소리는 여전히 창밖에서 청아합니다. 해가 지고 달이 가고… 마음이 가난한 집 항아리에선 포도주가 달게 익어 멀리서 찾아오는 길손 걸음이 바쁘답니다.

   * Raffaello_이탈리아 문예부흥기의 대표적 화가

《믿음의 문학》 1998년 가을호

# 시골 성당


 도르래우물 깊이 두레박이 내려갑니다. 마호가니 빛 마룻바닥을 울리는 오르간 소리. 칠 벗겨진 판유리로 어른거리는 촛불이며 시골 작은 성당 제야미사는 듬성듬성 모여 앉은 가족과 앞니 빠진 촌로들 얼굴에도 저마다의 촛불을 일렁이게 합니다. 우물 깊은 데서 두레박 부딪치는 소리 들려오듯 시간도 올 성긴 틈새로 지나가 새해를 맞습니다.

 그 두레박 연년이 그랬듯이 올해도 이 시린 찬 샘물을 길어 올려 줍니다. 시골 작은 성당 제야미사는, 가난한 마음과 긍휼히 여김을 받는 가슴이 모여 이빨이 빠진 만큼 조금씩 흘리며 두레박물을 받아 마시는 시간입니다. 서너 사람쯤 기다려 서서, 먼저 마시라거니 아니라거니 그런 성근 말마디 끝에 도르래우물가엔 두레박 하나만 남습니다.

《시와 사상》 2000년 겨울호

## 가볍고 투명하다

물이 맑음은
어디엔가 맑은 마음이 있기 때문입니다.
온갖 티끌과 때, 번잡을 걸러내어
시린 새벽을 깍지 껴 오는
그 기운은 가볍고 투명합니다.

맑은 물이 산을 푸르게 하고
저 궁륭穹窿 아래 밭을 갈게 합니다.
죽음이 문 밖에서 얼씬대는 나날 사이
제방을 손질하러 집을 나서는 사람,
참을 수 없는 설움도
해 가고 달이 가면
이슬 한 방울로 맺힐 수 있습니다.

산등성이를 타고 내리는
청솔바람 같은 것,
아득하지만 때로는 손에 잡힐 듯

봄밤 두근거림으로 기척하는 것,
불은 불로써 녹이고
물은 물로써 흐르게 하는
그것은 가볍고 투명합니다.

《생활과 원자력》 1999년 5월호

# 여름에 바치는 시

호우주의보가 내린 날
바위산은 한층 의연하다.
비안개가 신성神聖을 가릴 수 있을 건가.
여름은 고개 치켜세우지 못하는 자운영에게
질긴 섬유질을
뻐꾸기는 저편 골짜기에도 울릴 울음을 울게 해
종種을 번식시킨다. 치열함에 의해
사물의 본질이 뚜렷이 드러나며
잎은 보이지 않는 뿌리를,
오솔길은 짙게 드리운 그늘을 느낀다.
어느 것도 돌아앉아 있거나
남을 시샘하려 들지 않아
창조된 모든 것은 아름답다.
빗줄기에도 날비늘이 돋아나 있다.

《포스코신문》 1998년 7월

# 다스리심, 그 판타지

가만히 잡는 손길이 있다
다가온 아무도 없는데
별다른 뜻없이… 하지만
잡은 손 손금의 강이 합쳐져
밤하늘에 은하를 흐르게 한다.

잎줄기 꼿꼿한 난초가
별 모양의 꽃을 다투어 터뜨렸다.
아니, 뻗은 꽃대 층층이
꽃 같은 별이 돋아났다.

형체를 알 길 없고 감각되지 않는 것의
놀라움이여!
   – 거북 새끼는 알에서 깨어나자마자
   거품 이는 해안을 향해
   총총 잰걸음을 놓는다.

깊은 바닷속에선 멸치 떼가
현란한 군무群舞를 수놓는데

나직이 귓전을 간질이는 속삭임이 있다
곁에 누가 있는 것도 아닌데
무심한 듯이,
달이 부풀고 있나보다
곶串은 만조에 가까울 게다.

《자유문학》 1998년 겨울호

# 미지의 강이 흐른다


고목 아늑한 둥지 속의
새끼소쩍새 두 마리,
해가 기웃한데 어미새는 돌아오지 않는다.
솔가지 끝 솔방울은 하루해만큼 굵었고
이파리를 씻던 바람은 잠들 채비로 수굿한데
너무 늦는다. 미지여
흔들리는 경계여.

무너져 내리는 것은 유예를 두지 않는다
고목 둥지굴 속은 성채같이 든든하고
푸른 달빛이 으슴푸레 비쳐들지라도
안과 밖의 경계엔
미지의 강이 흐른다.
무슨 일일까, 새끼소쩍새에게
밤은 불가측의 심연이다.

  - 그리하여 밤이 되면 무거운 대지가 온 별들로부터

정적 속에 떨어진다.*

* 라이너 마리아 릴케의 시 〈가을〉에서

《문학과 창작》 1998년 11월호

# 기도

굴러 떨어질 형세에는
거머잡을 동아줄을,
그 아니면 공교롭게도란 말 다음에
가슴 쓸어내리는 안도를…

떠나가는 것들로 하여금
지킬 가망이 있는 약속 하나쯤 남기게,
저마다 갖는 미흡함도 훗날에는
안성맞춤한 그릇이 되게.

홀로 거룩하시고 높으심에
눈뜨게 하시어

가공되지 않은 정직과
내면에서 절로 솟구치는 갸륵한 욕구로
자신을 담금질하여
한숨과 흔들림의 수렁 건너

오직 사랑 하나이게 하소서.

《심상》 2001년 4월호

# 아름다운 날들

;

4×6판 160쪽/ 일반 보급본
수록 시편 69편/ 저자 서문/ 해설 이형권
2006년 9월 18일 〈모아드림〉 간

# 율律

밤이 참으로 깊고 크다는 것을
아는 남자,
어떤 허물어뜨림도 사랑이란 말로 행해진다는 걸
깨달은 여자.
그 양성관계에서 아기가 태어난다.
태어난 아기는 자궁 속을 기억하지 못하고
어리둥절한 듯 주위를 두리번댄다.
한데 저 눈망울의 천연스러움은 뭐란 말인가.
배밀이와 목을 치켜들려 애쓰는
뒷심은 어디서 오는가.
이렇게 해서 한 울타리가 이루어지고
각각의 꽃이 어우러져 새로운
꽃밭을 만든다.

컴컴한 하늘 저편에 뇌성벽력이 칠 때
호수 수면은 짐짓 먼산바라기다.
그 사이, 물속에서는 물잠자리가 산란을 한다.

모든 것을 감싸고도는

이

율律.

《현대시학》 2002년 3월호

# 봄날

들썩인다
볕바른 곳에서
마른 땅을 밀치며 콩과식물 엉덩짝이
펑퍼짐하게 부풀고 있나보다.
이날 내게 어지럼증이 도지는 건
남쪽 따뜻한 바다 속에서
강리江籬* 암홍색 잎줄기들이
마음 다잡지 못해 마냥 흐느적이기 때문일까.
그 흐느적임도 시틋해져서
새침데기 골로 빠지듯
머리 빗고 양양한 걸음새로 나설 것 같아서일까.
암홍색이 데쳐지면 녹색으로 변한다
잎겨드랑이의 끈적거리는 땀샘.
한동안 잠잠했던 어금니가 쑤신다
봄기운이 도처에 널브러져
곶串과 만灣이 허벅지를 포갠
저 밑으로부터의 들썩임.

* 강리江籬 _ 잔잔하고 얕은 해저에서 자라는 홍조류의 하나

# 봄밤

아흐렛날이 좋긴 좋을 게야.
저기 보리밭 고랑은
어슴푸레 젖어드는 달빛과
보드랍게 살진 보리며
바다 밑 그저 한 통속일 테니까.
동네방네 떠들썩하게 - 그랬다더라 한들,
휘늘어진 벚꽃이 제풀에 꽃비 단비로 흩뿌려진들.
물색 모르는 사내가 반주그레한 과수댁 옴팡집서
맨 걸음에 제 입성만 거머안은 채
코피 쏟으며 줄행랑을 칠 때도
아흐렛날 야밤이 좋긴 할 게야.
꽃분홍이나 자줏빛이 한가지인 듯,
엎치고 덮친 것도 그게 그것인 듯.

《문학과 창작》 2001년 4월호

## 출렁거림에 대하여

골목 담장에
붉은 넝쿨장미 휘늘어져,
눈부시게 환한 대낮
지닌 무게의 탄력으로
능청 출렁인다.

생은 이만쯤은
출렁거림을 허락받았나보다.
저 같은 색감의 황홀이며
볼륨에서 풍기는 매혹,
피어나는 정신과 늘어지는 육체를…
고개 치켜세운 채 담을 넘는
저 불꽃!
'섹스, 에로티시즘 그리고 사랑이
중심이 같은 동심원을 이룬 정열의 기하학'*을.
끓어오르는 시간,
골목 안 수런거림과

풍만함이 실린 이 대기 속에 -


일촉즉발,
모든 풍경이 긴장을 한다.
눈에 접히는 색과 향기 외에
붉은 겹꽃잎으로 뭉긋한
저 출렁거림을 보아.

* 옥따비오 빠스의 저서 《이중불꽃》 중 〈목신의 왕국〉에서

《문학과 창작》 2002년 10월호

# 나르시시즘 1

무지無知가 밭을 갈리라
봄은 늘 늘쩍지근하고 나른키만 해
땅은 언제나 백치 같다네
여인은 홑씨방房 사랑을 원한다네
그녀가 샘물가에서
뺨에 꽃물기를 띠는 거나
염천 아래 널브러져 풀냄새에 오금이 저림도
오직 하나, 단단한
무지를 끌어안고자함이라네

질풍노도는 들녘을 뒤흔들고
강을 곤두박질치게 하고
수풀을 쓰러뜨려서 세세한 감각부터
송두리째 드러난 맨 밑바닥까지
터럭을 곤두세워 놓는다네
그 우격다짐 후에 땅이 비옥해지며
풍요를 누리는 걸 볼라치면

무지 아닌 것은 하늘하늘 아지랑이
무지만이 무지의 밭을 갈게 한다네

《현대시》 2000년 9월호

## 탄생 설화

여인의 벌거벗은 몸뚱이가
바닷속으로 거꾸로 잠겨들고 있습니다.
머리를 산발한 채.
이빨 사나운 고기가 접근했다간 놀라 피하고
작은 어종들이 사타구니에 들붙어
언감생심, 인광을 번득입니다.
욕망이 끓던 숱한 밤의 보상으로
휩쓸려간 수많은 정충의 그녀 몸속 묘지도
바다의 거대한 무덤에 묻혀들고 있습니다.
몸뚱이는 차디차 가장 이성적인 양,
감각으로부터 초월한 개체*의 위엄을 갖추고서…
그녀의 산 몸이 수많은 죽음을 갈아눕혀
울음소리 하나 태어나게 했듯
이젠, 관능에서 해방된 머리카락이
바다 거품 위로 비너스를 탄생시킬 것입니다.

*미셸 투르니에는 장편소설 〈방드르디, 태평양의 끝〉에서 개체 = 생명의 힘, 섹스 = 죽음의 힘으로 파악한 바 있다.

《제3의 문학》 2001년 가을호

## 에로티시즘



휘황한 불빛, 들뜬 감각 한 덩어리로
북빙양을 헤쳐 가는 타이타닉호인 양
그대와 나
서녘하늘 붉게 물들이는
바다의 장엄한 함몰 속으로 노 저어가면,

뱃전에 출렁이는 - 그윽하게 가쁜
물결소리와
진정 아름답고녀, 그대 얼굴
진줏빛 바다!

경천동지驚天動地할 일이 달리 있을까.

《한국소설》 2002년 2·3월호

## 젠장맞을

앞가슴이 탱탱한 멋쟁이가 어서 타라고 재촉이다. 타고 오르니 잠시 아찔하다. 내려올 땐 그녀의 미끈둥한 하체가 부동의 반석처럼 느껴진다. 어느새 18층을 내려오고 말았단 말인가. 저 위에서의 기세등등했던 일과는 달리, 오르고 내림은 비몽사몽간이다. 어찌해 볼 길이 없는 그녀의 무표정은 만사가 무위로 돌아간 듯하기에 충분하다.

그 옛날 매화검은 어쨌다던가. 새하얀 달빛 아래에서 희뜩 날을 긋자 상대의 가슴과 하체가 짚동 버혀지듯 풀썩 내려앉았단다. 달빛은 하얗게 질렸을 게고 바람에 너풀대던 잎새는 숨을 탁 멈추었으리라. 매화검엔 몇 낱 붉은 꽃잎이 묻어났을 뿐, 十八 무림의 사내는 아무 일 없었다는 듯 메밀밭 사잇길을 긋듯이 사라져갔댄다.

한쪽에서는 밤인지 대낮인지도 분간 안 되는 엘리베이터 형광 불빛 아래서였고, 다른 쪽은 명주바닥 같은 달빛 아래에서였다. 아무렴, 분기탱천으론 매화 꽃잎 하나인들 어찌하랴.

《다층》 2000년 겨울호

# 놀람
– 연습곡


꽃들이 다투어 피어난다
저마다 아우성이다
어떤 건 낭떠러지 바위 틈새,
혹은 부서지는 파도의 너울머리,
더러는 치솟는 화염의 펄럭임 끝에서
연대하여 몸부림친다.

심상찮은 사태의 이 놀라움.
들끓듯 쏟아져 나와선
와그르르 무너지다니!

꽃은 왜 다시금 들쳐 일어났으며
이내 자신을 허물어뜨리고 마는가.
저 위태로운 감각으로
무엇을 붙들어 매려 하는가?
사라짐을 전신으로 막겠다는 건가?
아니면, 어떤 불멸의 제단을 쌓겠다는 건가?

《문학의 집》 2004년 5월호

## 쾌청한 날

흰 돛단배가 미끄러져 가는 듯싶자
아, 저런 때가 있었지.
모태 회귀 같은 순간,
하지만 창밖으론 바위산을 가린
고층 아파트의 흰 벽만 선연히 다가든다.

가슴이 서늘해진다.
그렇지, 흰 돛단배라니! 이어
어디서 들려오는지 모를
귓전에 속삭이는 말,
"그대 다시 고향에 돌아가지 못하리."

백년하청百年河淸이라던 황하 물이 맑아진단다
그림자가 제 자신의 그림자를 바라본다
보푸라기도 제 무게가 짐스러워
낯을 찌푸릴 것 같은
쾌청한 날씨다.

마알갛다. 세상의 속내도 한껏 확연해져
정이 솔기솔기 밸 기미나
발목을 다잡을 그루터기란 없다.
우리 때묻은 일상을 낯설게 하기
익숙한 것을 갈아엎기.

《문학나무》 2001년 겨울호

## 협궤열차는 떠난 지 오래다

뭐가 이처럼 웅얼거리나.
밑에선 동창이 밝았는지
궁싯대는 기적,
연당에 수련이라도 피고 있을까?
혹시, 돌하르방이
새파란 넷째 첩을 들이기라도 했단 말인가.

굿을 해 봤자다.
협궤열차는 떠난 지 오래다.
구름이 황금빛 암술을 드러내는 저녁,
덜커덩 철컥철컥 우르르 꽝
열차는 헐떡이며 제 선로를
닳고 광내며 치달릴 것이다.

철교가 혀를 쑥 내밀고
계곡을 타고 흐르는 물
용천을 떨 게다.

능욕을 당하고 싶은 처녀와
화냥기 도진 여편네에겐 시방
닭살이 돋을지라도…

늙은 낙타의 등골을 부러지게 하는 건
하나 더 얹힌 진달래꽃 가지다.
옹알대지 말라, 반짝이는 선로는
강건한 쇠바퀴에만 닦이고
재 너머 사래 긴 밭
새로 뚫는 도로공사가 한창이지 않는가.

《시와 사상》 2001년 겨울호

## 아름다운 날들

대지를 감싸덮은 눈은 아름다운 폭력이다.
북극 수림지대, 숲이며 얼어붙은 계곡이
공평하게 겨울을 한 겹 더 덮어썼다.
이 눈이 녹으려면
굶주린 곰이며 여우가
열두 번은 산턱을 넘나들어야 할 게다.
마을에 닿기까진 요행에 기댈 밖에 없지만
눈보라가 얼마나 많은 날을 눈 속에서 헤매게 할는지 모른다.
사냥오두막에서 사내는
비상식량과 소총, 건사해둔 모피를 챙겨
없는 길을 찾아 떠난다.
서른세 해는 눈물과 상처로 얼룩졌지만
지금 쌓인 눈의 부피와
부드럽게 굴곡을 지은 풍경 속에서는
아주 단순하고 가볍게 요약된다.
총구를 느낀 야생동물이 귀를 쫑긋 세우는 거나
이런 철엔 새들도 짝짓기를 하지 않는

그 이치와 조금도 다르지 않다.
사내가 간밤에 가진 사정射精이
찔끔 흘린 눈물처럼 서러웠던 건
따스한 체액의 낭비 탓이 아니라,
오래 붙안고 있는 건 무어나 식어
죽음의 빛깔을 띠기 때문이다.
산중의 아침은 늦게 내색하고
더 일찍 하룻날을 마감하기 때문에
한껏 아름다운 날들,
햇살은 눈[雪]을 다칠까 걱정해 잠시만 비칠 터이므로
해바라기 기회를 놓쳐선 안 된다.
눈 덮인 산골짜기에 한 가닥 선을 남기며 가는 사내는
제 체구의 무게를 정직하게 감당한다.

《월간문학》 2002년 3월호

# 산중문답

내 일찍이 생을 찬란코자 했다면,
이름 석 자를 세상에 떨치고자 했다면
덕유산을 몰라도 좋았으리라
결코 덕유德裕를 찾지 않았으리라.
그건 저대로
누구를 향해 대범스러운 게 아니고
무엇이 있어 무량한 게 아니어서
그냥 몰래 잎을 틔우고
저절로 그 잎을 떨어뜨리면서,
소나무는 이리하여 청청하고
굴참나무는 또 황황하여
혼림混林으로 인해
구천동 계곡은 사철 젖었더니라.

내 일찍이 이 원시림 속을 찾아
늑대 울음소리를 들어가며
별빛 아래 잠든 적이 있었더니라.

사십 년 전의 잠이,
그 시린 계류가
여태껏 내 핏줄 속에 융융히 흐르는 것
– 이름 지어 덕유산 아닐 것인가.

《사람이 사랑하는 숲》 2004년판

# 겨울산이 하는 말

　가까우면서도 높고, 매일 대할지라도 새로워질 뿐. 지금까지 그랬듯 앞으로도 그러할 태초 본연이요 그대로의 있음이니라. 생명의 모태인 바다가 출렁거려 자정작용을 하듯 나 또한 천지간 의연히 버텨 섰으므로 만물과 인연이 길이 이어가게 살펴 거두리라.

　사람과 역사의 비린 욕망, 걸음마다 남기는 회한, 은 삼십 냥의 죄값도 내게 와서 버려라. 더러운 마음 아니라면 일곱 번을 일흔 번이라도 와서 버려라. 그것들의 터럭 한 올, 뇌수마저 깡그리 지우고 헹궈 그대들 영혼이 저 고생대 빙하처럼 순수케 하리라.

　더불어 숨 쉬는 소나무 박달나무 향나무 상수리나무⋯ 백년을 묵어도 첫돌 맞을 때같이 싱그럽고 철따라 거듭나는 나무가 정결한 흰눈까지 덮어쓴다면. 이로써 태어나고 노래하고 사랑하며 지칠 줄 모르는 아침을 맞게 되리니, 내가 즉 영원이며 신생이노라.

나는 동네젖 먹이는 천덕꾸러기 아낙인가 하면 누구나 즐길 청정한 골바람을 일으키고, 동지섣달 깊은 밤에 홀로 눈떠 황금알 낳는 자궁이니, 나를 동경하여 들쳐 일어서는 자 푸른 달빛 아래 이슬 젖어 찾아 부르는 모두 두루 반기는 여신인지라. 진실로 나

무덤이 곧 요람일 테며
다시 땀에 젖는 열락이느니,
스산한 들녘엔 돌연 꽃과 나비를
방황에서 돌아오는 이의 침상이 되는,
저마다 자신을 돌아보게 하는 지혜이니라.

《현대시학》 2005년 3월호

# 붓꽃

산속 습지를 지나고 있을 때
순간, 만상이 숨을 멈춘 양했다.
거기서 보았다. 꼿꼿한 잎 사이로
꽃대를 치켜세운 붓꽃!
나는 신의 목소리를 들은 성싶었다.
이 산속이 어디란 말인가?
밤이면 야행성 육식동물이 송곳니를 드러내고
해마다 수많은 나뭇잎들이 포개져선 썩어갔으리라.
모면할 길 없는 수렁과 몸부림의 긴 사연,
죽음과 소생이 켜켜이 쌓여 있어
어디서건 두런거리는 소리가 들릴 법한데
이 고요는 또 어디에서 우러나는 걸까?
그 속내를 헤아릴 길 없다. 다만 없는 소리를 지금 듣고 있느니.
가장 깊은 속裏이 실은 겉에 다름 아니고
저토록 선연한 꽃잎으로 피워낸 것도
그동안 이루지 못해 흘린 진땀이 모인 결과일는지 몰라.
이 산하는 나를 이런 섭리와 함께 하게 했고

살고 사랑한 끝의 내 서늘한 곳간에 지금
자줏빛 붓꽃 송이로 채우려는 걸
내 이제 불현듯 깨닫느니,
지나가는 등 뒤로 신의 목소리를 들은 듯도 싶다.

《숲에는 영원이 있다》 2006년판

# 먼 기억에서

성밖 처녀야,

마당 한편 산초나무 곁에서

가지 끝 취산꽃차례로 핀 꽃 바라보던

처녀야, 성밖 처녀야.

오월이 가고 가을 저물고

배꽃 같던 웃음도 먼 기억으로

사위어, 지금은

빈 들녘 가득 붉발이 어린다.

그 우물터 어림엔

도깨비바늘 관모(冠毛)만 시쁘게 흩날린다.

《현대시학》 2002년 3월호

## 참숯에 대한 단상

새빨갛게 타올라 꽃이 되었으므로
너는 하나의 묵시를 이루었다.
수많은 잎새를 매달았을 땐
별들의 매혹적인 눈빛은
태양이 허락하는 시간 속에서
아득한 안타까움이었을 뿐이고
이따금 살쩍을 흔드는
연두색 속삭임도 변덕이었다.
세월은 주었던 것을 서서히 거둬들이고
마침내 바스러져 내려야 하는,
살아 있는 몸짓이 감내해야 하는
그 그늘로부터 벗어나
어떤 침해도 더 이상 저상沮喪할 수 없는
사물로서의 참숯덩이.
우리의 심장은 과연 선홍 그대로인가
이승에서의 익명匿名은 천상에서의 명예보다 좋다는
눈비 내리고 질척거리기만 했던 세기.

불가마 속에서 활활 타올라라

타닥 타닥 타닥 타닥

열과 혼이 하나로, 새빨간 꽃으로.

《문학사상》 1999년 12월호

# 사람의 길

나는 이제 이끼가 덮인 길을
걸어볼 순 없겠지
만일 그 같은 데가 있다면
그건 하늘의 길, 도道여서
옷깃을 여미며 비켜가고 말겠지

어쩌다 만나는 풀밭이나
여름 숲을 걸을라치면
절로 부르게 마련인 휘파람,
이때 누군가 내 휘파람소리를
귀 기울여 듣는 것 같아
홀로 떨어져 있어도
혼자가 아니라는 생각이 들지

무심한 흙무더기들
그냥 그 자리에 던져져 있을 뿐인
저 돌팍들은

언제부터 이끼를 덮어쓰지 않게 된 걸까?
진눈깨비 내리고, 얼어
눈꽃 맺히는 이 지상에서 왜
하늘 길을 지워버리고 만 걸까?

나는 옛적에는 있었던 길을 바라보고
지금은 없는 길을 걸어가지
하늘의 길
지상의 길
그리고 오늘, 사람의 길

《시와 비평》 2003년 6월호

## 하늘 길

드높은 하늘 아래 고추잠자리를
하늘하늘 날게 하는 거나
노인의 지척거리는 걸음을
고갯마루에 닿게 하는 건
산소다. 어디든 있으나 눈엔 띄지 않는…

누구나 필요로 하는
청량한 생명수,
잎을 틔우고 자단목紫檀木에 향기가 듬뿍 젖어들게끔
뿌리가 한사코 거머쥐려 하는 건
어둡고 찬 땅속에 있다.

사람들은 해거름 때
어느 쪽에서도 보일 법한 탁 트인
하늘 길 찾아
눈을 위로 치켜뜬다.

아니다 아니다 누구에게나 열린
하늘 길이라면
우리 눈높이 아래, 어쩌면
저 잡목림 우거진 응달쪽에 있는지 몰라.
잔설 희끗한 후미진 어디쯤 나 있는지 몰라.

《문학과 창작》 2006년 겨울호

## 지상의 작은 등불

사시사철 허리 한번 못 펴고 산
늙은 느티나무가 말하네.
그래도 행복했던 한때를 기억하든가
캐비닛에서 꺼낼 무엇인가를 가졌던 시절,
혹은 감미로운 이별 하나쯤 간직했다면
슬퍼하는 사람아, 너희는
복되어라.

저문 강가에서 넋 놓고 서성이는,
혼자서 울음 깨물 밖에 없고
희망이란 말에 신물이 나는
그런 이들이 말하네.
칼바람 찬서리를 의연히 견뎌낸
느티나무여, 너 오래
푸르러라.

아기는 어느새 잠이 들어

천상 악기소리에 귀 기울이는지,
나비 떼 황홀하게 춤추는 걸 보는지,
살짝 웃음을 짓는다. 저 무심한
지상의 작은 등불
오, 아가야.

《우이시》 2004년 3호

## 그럴지어다

조금쯤은 출렁거릴지어다
출출한 저녁참을 따끈히 채우듯이,
채워진 그것이 흔들려
별빛 또한 금강석으로 반짝이듯.
미끈한 허리도 깨어 일어나
잠든 시간을 애써 끌어올리리라
두둥실 두리둥실 배 떠나간다
출렁거려 넘친 몇 방울 물이
산솜다리꽃 되거나
물총새로 날아오를는지 몰라.
더 출렁거린들…
만월이 이지러지기야 할까.


내 적막한 저녁이 출렁거려서
수풀은 밤이슬로 촉촉이 젖고
먼 바다엔 뇌성벽력이 칠 거라.
천녀도 화들짝 다투어 화관 쓰고 나올 거라.

《동서문학》 1999년 가을호

## 눈이 내리네

눈송이 이리저리 흩날리며 내리는 건
들판 가운데 나무가 칼바람을 묵묵히 감내하던 풍경을
여직 기억하고 있기 때문이다.
잿빛 하늘에서 시나브로 희번덕이며 떨어지는 건
놀이터 벤치에서 노인 홀로 어둠에 묻혀들던 저녁을
여직 잊지 못해서다.

눈이란 천사의 발걸음처럼 비쳐서는
민중을 일깨우는 새 사상처럼
허브 항의 뭉게구름, 풍성한 자본주의 물류처럼 쌓이는
동화나라의 아늑한 무반주음악이다.
한데, 올해는 아니다.
밤 되기 이른 때

누군가 씀벅거리듯
저같이 눈이 내리네 눈이 내리네

《계간문예》 2006년 봄호

# 나는 데에 예외란 없다

전율하듯 날갯짓을 하라!
쉬운 방편대로 바람에 곁눈 팔았다간
이내 곤두박질치게 마련.
작은 벌새는 소량의 먹이를 얻고자
남보다 날개를 더 재게 놀린다.

날갯짓 하나하나가
세상살이의 빛
생명 지속의 엄숙한 발현
순간마다 죽지 않는 방식

바다제비갈매기는 해마다
남극에서 북극까지 이동해 가지만
그 숱한 날갯짓만큼
더 오래 살진 않는다.
다만, 다른 새보다 많이 우짖을 뿐

결국, 난다는 것은
살아감의 하중荷重을 들어올림이며
기러기가 제 몸에 얼어붙은 호수를
산 너머로 옮기는 일이다.

새의 덩치가 크든 작든
지저귐이 울음이건 노래건 간에
나는 데에 예외란 없다!
얼음날[刃] 같은 안간힘만이
날개에 휘감긴다.

《미네르바》 2002년 여름호

## 옛 노인장이 말하기를

산열매 하나라도 일용할 양식 아니거든
산까치 몫으로 돌려두어라.
던져진 바위덩이는 그 자리서
물살과 바람에 씻겨서야 먼 훗날
동산에 항아姮娥의 얼굴로 떠오를 것을.
마을의 신화는 이렇듯 이어져 가느니…
눈 내리거든, 눈이 내리거든
문밖에서 비로소 얻어 누리는 잠을 위해
근심 들쑤셔가며 뒤척이지 말라.
엎드려 누운 들녘이 어둠 켜켜이 쌓아
솜이불 덮어쓸진대
제 가슴의 꿈이 언제까지 헐벗은 대로 서성이랴.
길은 때로 계곡물과 맞닥뜨리기도 하나
고대 이어진다.
떨기나무 덩굴 틈새에서도
마땅한 곳을 찾아 뻗어나간 길이
어디 제 끄트머리를 걱정하더냐.

《현대시》 1999년 3월호

# 그

신전은 무너졌다. 하지만 사람들 뇌리에서 잊혀짐으로
이날껏 그 흔적을 보존한다.
정원에는 시든 잎을 떨어뜨릴 바람이 불어
한때의 위엄서린 돌기둥 밑에 낙엽을 쌓이게 하고
그 위에 서리가 얼어 아침햇빛에 반짝거린다.

실로 그의 생애는 속속들이 헐거워
느닷없이 소나기가 퍼붓는 날의 낯선 처마밑
바짓가랑이 쪽부터 젖어들던 그런 행색이었을지라도,
먹이사슬 저 아래 청빈淸貧처럼
그림 속의 그림자마냥
또는 가을잠자리의 가벼운 비상과 같았다면
그의 성취가 무너지는 유형有形일 리 없겠지.

그는 반백의 듬성해진 머리카락,
낙엽처럼 쌓인 기억들과
그 부피만큼의 후회를 간직한 채
저 고대의 빛나는 시간을 가고 있다.

아무도 왈가왈부해선 안 된다.
그 혼자 세상에 떨어졌고
자신의 방식대로 세상을 끌어안았기에.
한 남자의 노심초사, 진이 빠진 매 순간의 자취가
풀섶에 허물같이 남겨진 그런 신전이라 할지라도…

《계간문예》 2006년 봄호

# 근작 시편

;
2007년 이후 발표작

## 조짐

뭔가 치받치는 징후가 있다
머언 북녘 땅으로부터
한강 건너에서
엷게 풀리는 안개 저편에서.
간밤의 꿈에
야생 무소 떼가 내닫는 발굽소리를 들었다.
날[日]은 미풍에 흔들리는 나뭇잎같이
가볍고 변덕스럽지만,
하잘것없어 기대를 갖지 않더라도
드러날 역사는 예측 가능하고
무엇보다도 장대하게 위엄을 드러내는 법이다.
그냥 받은 것이 아니라 만들어 가진 것이 그렇듯
작은 안간힘이 바퀴를 굴린다는
구체성을 띤 소식이
축축한 바람결에 전해진다.
산자락을 휘감는 봄기운처럼
풍우뇌전을 헤쳐 나아가는 전함戰艦처럼.

《시작》 2007년 여름호

# 잠

눈밭에서 깡충깡충 뛰는
눈덧신토끼여, 달려라 달려라
매서운 참매가
가문비나무 위 둥지에 있다!
고함을 지르려 했으나
대신 주먹만 불끈 쥐었나보다.

하늘에서 전폭기가 내리꽂히던 날
어린 나는 엉겁결에
피난지 집 텃밭의
어둑한 토란잎 밑으로 기어들었었다.
외마디 비명조차 지르지 못한 채
휘둥그레 했을 내 눈은
눈덧신토끼 빨간 눈빛이었으리라.

- 숲은 고요할 때가 항상 막전幕前이다

그 짧은 봄이라도 맞으려면
여러 날을 속절없이 기다려야 할 철,
보호색으로 자신을 감싼
비보호 개체 눈덧신토끼가 두리번댄다.
난 황급히 토란잎 밑에 몸을 숨긴다
무성영화 같은 잠 속에서.

《유심》 2007년 여름호

## 유대紐帶

모래톱에서 문이 열린다
여기저기서 꿈틀거린다
사리 때, 바다 자궁이 부풀고
바다거북 새끼들이 뿔뿔 기어나와
버큼 잦아드는 쪽으로 한사코 내닫는다.

조수가 스멀스멀 밀려드는 밤,
찰리 채플린의 젖먹이 같은
별들의 조막손 새끼거북이
대양의 푸른 심장,
어두운 심연을 향해 허겁지겁 몰려들 간다.

달빛에 젖으며
아장걸음으로
기를 쓰는…

중동의 사내가 실눈을 뜬 채 구레나룻을 꼬고

내란 와중의 청상과부가 울음을 그친다
찢겨 펄럭이던 군기며
풀잎 위의 바람도
숨을 멈춘다.

《유심》 2008년 봄호

## 일촉즉발

파도가 겹겹이 밀려오는 듯한
쇄도일까
홈으로 파고드는 단기필마, 탱탱한
저돌일 것인가
기다림은 언제나 곤두박질의 전조여서
말초신경마다 터럭이 곤두선다

울렁울렁 울렁이는 건
바다의 심장이나 오월 한낮만은 아니다
검은 아가리만도 아니다
햇볕에 번들거리며
무수히 잎을 나풀거리는 물푸레나무도…
이미 무너져 본 둑은
저 먼데서의 발걸음을 엿들을 수가 있다

찢겨지지 않는 걸 군기라 하랴
영웅은 전장에서 쓰러져야

영광스런 역사로 일어설 게다
- 여인이 살쩍을 슬쩍 쓰다듬는다
상념에 젖은 뜨락은
자정 경계에서 달라지게 될 게다

무엇이 일어난다는 말인가?
그때 뒤꼍에서
제풀에 아주까리 열매가 터진다
달빛조차 영문을 모르는 야밤
바람 기척도 없는 사이에…

《펜문학》 2008년 여름호

# 그때 알았어, 오고 있는 꽃을

어린 시절 동화 속에는
대패질한 버드나무의 촉촉함과 무른 나뭇결,
거기서 풍겨나는 상긋한 내음이 있지.
볕바른 데와 그늘이 시시각각 바뀌던 저수지의
수초 사이를 휘젓던 잉어의 거무스레한 등과
소택지 얼음장 밑으로 돌미나리가 볼이 퍼렇게 언 채
봄을 기다리던 풍경도 일렁이지.
매화나무나 산수유나무 곁을 지나칠라치면
가지마다 지난해 눈[芽] 자국이며
몽글몽글 꽃 타래 지었던 기억이 발걸음을 다잡아
생각 속에 꽃송이들이 움쑥움쑥 벌어지기도 하지.
바람 불어오는 저편에서 설핏했던 게
가망 따윈 젖혀두고라도 어떤 손짓이기나 했던 걸까?
무지개나 다름없을망정 희망이 빗금이라도 그었던 걸까?
고개 들면 삼밭을 빠져나온 날마다 으레 맞닥뜨렸던
아득한 하늘 자락, 그래서 마냥 을씨년스럽기만 했던 그때
그래도 난 알았어, 어디선가 오고 있는 꽃을.

《계간문예》 2008년 여름호

# 영산에서의 전언통신

영산 중턱엔
정상에 오르지 못한 수많은 꿈들이
주검으로 질펀하게 널려 있다.
거센 눈보라가 꿈을 꺾어놓았겠지만
쌓인 눈이 또한
주검을 망각 속에 떨어져들도록 놓아두지 않는다.

꿈은 저처럼 종래엔 주저앉고 마는가?
허연 흔적으로만 남는가?
하지만 지혜로운 이는
산의 정상에 오르지 못할 운명의
그 시퍼런 꿈이
산봉우리를 높이 솟구쳐 올렸다고 말한다.

영산 오르는 길에
사람들은 비그은 후 걸린
무지개를 황홀하게 바라본다.

저것이 지난날 꿈의 잔해인지
산봉우리를 구름 위로 치솟게 한 그 무엇인지
그건 여전히 알지 못한 채
무연히 바라본다.

오, 여기에선 볼 수 있다네.
널브러져 누운 꿈자락과
시퍼런 하늘로
선명하게 걸려 있는 무지개와…

《월간문학》 2008년 9월호

## 정적
- 임진강 시편 1



전방 초소 전망대에서
지척의 비무장지대를 바라보자
거기, 긴장이 굳어진 후의 더께 같은 것,
한랭한 고요는
우리가 이승에서 꼭 풀어 놓고 가야 할
족쇄에 생각이 미치게 했다.

흐름이 멈춰버린
민둥산자락이며 풀색.

여름 한낮의 매미는
한 놈의 울음이 불씨가 되어
저네들끼리 찧고 까불어대는 동안
목이 따갑다.
사람들은 누구든, 모두
죽은 자에게 갚아야 할 빚에 얽매어 있어서
하루해 또한 따갑다.

그럼에도 오늘은
저 호젓하게 휘도는 임진강이
구두덜거리는 시늉이나 내 주었으면,
한계선 안의 미동도 않는 풍경이
우거지상이라도 지었으면 하는
바램이 불끈 솟구친다.

너무나 서늘한 철책선과
정지된 화면.

《유심》 2010년 1·2월호

## 귓속말
— 임진강 시편 2

임진강이 진눈깨비에 젖고 있네요.
강은 진눈을 맞아 축축해진 양
북녘 기슭이 더 아득하게 바라보이네요.
그 강이 어스레한 하늘을 향해
새끼 양을 어미젖으로 삶아서는 안 된다고
쉰 목소리로 말하는 듯하네요.

강물은 서녘으로 흐르며
시린 살갗, 축축한 눈썹으로
아니야 아니야 도리질하네요.
무심히 발걸음 돌리는 이에게
콩을 콩깍지불로 볶아서는 안 된다고
코맹맹이 소리로 속삭이네요.

올해 대설 경보가 내리기엔 아직 이른 때,
한발 앞서 내리는 진눈깨비로
임진강이 젖어서는.

《현대시학》 2010년 1월호

## 임진강 가에서
- 임진강 시편 3


오직 하늘 한 자락을 담고 있으나
이 산하와 신토불이일 수 없는,
세사에서 버려진 듯 저 홀로인 강이
무념무상이지는 않다는 걸 내 알겠네.

융융한 몸짓에 등 돌린 임진강이
자신의 물그림자를 응시하며
조용히 휘돌아나가네. 유계幽界 저편마냥
고즈넉하게 잦아들어서는…

- 묻어두라! 돌아보지 말라!

저토록 깊이 가라앉을진대
이승의 시절이 안타까울 게 무어며
흐르고 끝닿는 하늘 길에
눈시울 슴슴할 일 없을 성싶지만,

완곡한 흐름 한편으로
죄는 달콤하나 죽을죄는 피해야 하고
폭삭 내려앉긴 할망정
공멸할 만큼 막가지는 말라고 내색하네.

《문학과 창작》 2010년 여름호

# 기억 속에서
– 임진강 시편 4

내 노래는 저편 나루터까진 닿지 말아야 한다네.

지금 바라보는 강은 과거나 미래의 모습과 다르지 않겠으나 어느 한밤의 장면은 그냥 씻겨 흘러가버릴 수야 없겠지. 밤이 깊으면 임진강 고랑포 물빛은 검게 가라앉게 마련. 전선이 요동친 그해 1.4후퇴 때의 겨울은 한결 냉랭했으리라. 강을 건너는 나룻배에 포개 앉은 무명 흰옷 잠행인들, 노인장 수염은 정적 속에 얼어붙고, 남정네 심장은 오그라들었겠지. 숨죽이며 젓는 노질, 물결 스적이는 소리, 찰랑거림이 이내 콩 볶듯 할 총성으로 이어질 성싶은 절체절명의 순간에 임진강은 실색했더니라.

아낙네가 울음 터뜨리는 젖먹이 입을 언 손으로 틀어막다가 황망 중에 품속 아기 얼굴을 물속으로 집어넣었다지. 시린 비정의 컴컴한 어둠, 자궁의 양수와는 다른 차디찬 미궁 속으로… 어쩌자고 강물은, 겨울밤은, 또 피난길은 그토록 깊은 적막에 짓눌렸던 걸까? 어쩌면 그렇게 요지부동의 침묵으로 굳어졌더란 말인가? 일순의 뒤척임과 가냘픈 경련이 물속으로 잦아든 저 망연자실한 시간… 그때 강의 모습은 우리 과거의 무덤이자 또한 우리 미래의 엄정한 거울 아닐 것인가. 그것 아닐까?

내 여기 와서 오늘의 에밀레종소리를 듣고 있다네.

《시와 정신》 2011년 여름호

# 낙엽 송誦

참나무 낙엽이 겹겹이 쌓였구나.
떨어져 포개 누운 것들
여기, 초록으로 넘실거리던
연대와 공동의 날
빛나던 활력이 가지런히 누워 있구나.
갈색으로 물들었으나 느물거림이 없이
콘트라베이스 음색을 띠고 있는 참나무 잎.
포연을 잠재우고 귀향하는
병사들의 발자국소리, 들리는가?
마침내 불멸의 대리석 전당으로 들어서며
개체로서의 숨결, 매 순간의 진정성이
금빛 새 떼로 날아오르는 것을.
어디든 지천으로 널려 있는가 하면
당도한 것이 보이는 저 안도의 빛깔,
그 보여줌과 보이는 것을 내 지금 보는구나.

《현대문학관》 2010년 봄호

# 오늘 부르는 나의 노래

당도한다는 건 닿는 것과는 다르다. 당도하다는 말에는 새벽 별 아래에서 부르튼 발 뻗는 고단함과 추슬러 다시금 무르팍 세우는 안간힘이 배어 있다. 주저앉거나 돌아서긴 쉬우나 헐떡이며 박차고 나가기 위해, 돌관突貫해야 함과 재시도再試圖를 꿈꾸며…

하늘 아래를 걸어가는 건 땅 위를 걷는 것과는 다르다. 앞서 간 사람의 전 생애의 소망이 일렁이고 그들 근심이 천 근 무게로 누르는 시공을 머리에 이고 살아가야 한다는 건, 저 깊숙이 끓는 용암을 품어 안은 땅덩어리라 할지라도 그 위를 걷는 것과는 다르다.

우리는 이 같은 동력과 생의 조건에 의해 오늘과 맞닥뜨린다. 신이 허락 한 시간 속, 구름이 눈 시리게 피어오르는 하늘이며 안개와 돌부리가 있는 길, 산양 뿔 부딪치는 소리가 가파른 계곡을 흔드는 그 어딘가에 당도한다.

《현대시학》 2010년 1월호

## 우리 곁의 우화


덩굴식물 새 순은 한없이 여립니다

고개를 치켜세움의 저 안쓰러움

빛을 좇아서 꼬물꼬물 벋어나갑니다

가녀린 덩굴손은 매 순간의 시작이자

출발의 낱낱의 매듭입니다

간단없이 꼼지락거리는 소망을 보셔요

빗장을 열기 위해

무적함대나 정예군단의 힘이 필요한 건 아닌가 봅니다

미지를 향한 '보는 자'의 눈과

굼뜬 지속이 하늘 문의 걸쇠를 땁니다

《계간문예》 2010년 가을호

'신중신 시' 읽기

# 생의 인식과 비상

《낮은 목소리》에 대하여

채수영 (시인·신흥대 교수)

   시인은 시인의 의식들을 데리고 어딘가의 목표점을 향해 가는 나그네이다. 그의 관심이 일상적 삶이든 자연현상이든 의식으로 받아들인 경험의 촉수들은 모두가 시인과 떨어질 수 없는 영적ghostly인 방황을 계속하게 된다. 다만 시인의 정신적 질감들이 눈에 보이는 것보다는 불가시不可視의 영역 중에 어느 것이 더 많은 재료로 쓰이느냐에 따라 시의 출발표시가 달라진다. 어떻든 사물을 총체적으로 바라보는 시인의 감수상태에 의해 시인의 생각은 시적 방향을 일정한 곳으로 옮겨 놓는다.

  일상적인 감정은 시가 되지 않는다. 일상적 감정이 시인의 명상적 태도와 사유에 의했을 때 단순감정은 보다 고귀한 언어로 변동된다. 신중신의 시를 말하는데 이런 말을 덧붙이는 이유는 그의 시어와 생활감정이 밀착되어 있어 평이한 감정을 고귀한 느낌으로 바꾸어 놓은 시적 재주를 눈여겨보기 때문이다. 신중신은 일상적인 관념을 벗어나야 한다는 생각이 앞서지만 여전히 그런 범주 '속'에서 벗어나려는 몸짓을 보이고 있다. 첫 번째는 생의 인식에 따른 표정이고 두 번째는 정지태靜止態에서 이동태로 옮겨가기 위한 의식이 비상을 결행하려 한다. 바다와 새는 그런 징후의 메신저로 나타난다. 시인의 고백을 옮겨 첫 번째부터 점검한다.

> 인생론적 시각이 짙게 깔린 시는 이제 벗어나야겠다고 작정한 적이 여러 번 있었지만 나는 그동안 그렇게 자유로운 입장에 놓여 있을 수가 없었다. 나이가 머물게 하는 사유 공간, 삶이란 것의 힘든 여정, 그리고 세상살이의 실체가 내 목덜미를 짓누르고 있음에랴.
>
> — 시집《낮은 목소리》중 '시인의 말'

시인은 주어主語 '나'를 어떻게 처리해야 하는가의 기교를 익혀야 한다. '나'를 전면에 드러내 놓을 때면 감정처리가 주관의 늪에 빠지게 된다. 반면에 시적 화자 '나'를 객관적 위치 – 시의 이면에 숨어 있을 때 객관수법의 다양성으로 하여 보다 광범위한 영역을 다스릴 수 있다. 물론 시는 고백적 요소가 승한 특징이 있지만 '나'의 집착은 궁극적으로 질척거리는 탄식과 감정의 사슬에서 풀려날 수 없는 사상과 감정의 융합이라는 조건을 벗어나게 된다. 신 시인의 시에서 가장 경계해야 할 아픔이 1인칭 '나'를 시의 전면에 포진하는 문제점 때문에 '인생론적 시각'을 벗어나려는 결심을 굳히지만 결국 시집 도처에서 '나'의 모습을 너무 많이 만나게 된다. 여기엔 사물과 시인의 거리 조정 문제가 있기 때문이다.

> 내 시가 그대를 울리긴커녕
> 그대 귓바퀴에 기척도 하지 못함의
> 허망처럼 정적처럼
> 이 뼈 마디마디의 통증도
> 오직 나의 온몸으로써만 받을지라
> 이 열띤 아픔 누가 나눠 갖길 바라랴.
>
> — 〈나의 울음〉에서

내(A) 시가 그대(B)를 울리(감동. C)는 관계는 A에서 B에 이르기 위한 충분조건의 결여를 스스로 자각하고 있기 때문에 C의 결과는 허망, 정적, 통증으로 남게 되고 열띤 아픔을 누구와 나누어 가질 수 없는 데 이르게 된다. 그렇다면 나(A)에서 너(B)에 이르기 위한 거리는 무엇인가? 감동(C)을 만들기 위해서 나는 너와의 보편적 조건을 헤아려야만 한다. 그 거리의 조정은 능동적이라는 조건이 따라붙기 때문에 서로의 위상을 파악해야 한다(졸저 《시의 距離論》, 〈한국문학의 거리론〉 p.8). 체험의 공감과 문화적 공감이 동일한 수준에 이를 때 I. A. 리챠즈가 말한 멸각滅却의 상태에서 완전한 감동이 나타나게 된다. 신 시인은 '나'의 인식으로부터 '너'에 이르기 위한 헤아림에서 거리의 고통을 감내하고 있다.

> 어렸을 땐 논 가운데의 물웅덩이 속에서 노니던 몇 마리 살진 붕어가 내 발걸음을 불박게 했었다. 한 팔을 내지르면 꼭 한 팔이 모자라는 거리쯤에서 그것들은 제멋대로 헤살대며 떠다녔다. 해는 이미 중천서 기울고, 고무신짝을 집어들고 웅덩이 물을 퍼내려는 생각엔 입속부터 먼저 메말라 왔다.
>
> — 〈불가사의〉에서

거리에 대한 극명한 예이다. 인간은 거리에 대한 축적과 단축을 계속하면서 생을 이어간다. 현재라는 기점에서 돌아갈 수 없는 과거는 항상 먼 거리로 남아 있다는 생각에서 아름답고 그리운 공간으로 남는다. 고향이라는 것이나, 떠나버린 첫사랑이라는 것도 소유하지 못하는 사랑의 거리에 대한 안타까움이다. 잡을 수 없는 현실은 망설임이고, 돌아갈 수 없는 과거는 그리움이고, 돌아올 미래는 두려움과 의문부호 앞에 결단을 내리지 못하는 것이 사람들의 생각이다.

  시인은 과거의 거리와 현재의 거리 조정에서 안타까움의 거리를 갖고 생활한다. 그 모자라는 거리는 '꼭 한 팔' 만큼의 안타까움 때문에 반복의 일이 남게 된다. 2연에서도 '한 팔 길이쯤'을 확보했다면 큰 흑도미 한 마리를 잡아올릴 수 있는 감동이었겠지만, 조건이 합치하지 못하고 있다. 이런 목마름은 현실을 살아가는 데서 연원한다. 사랑이라는 것에서도 못 미침의 안타까움이 사랑의 아름다움을 더욱 짙게 미화시키는 요인이 되고 있다. 〈불가사의〉는 아마도 생활과 삶의 대상이 육화되지 못한 데서 오는 미적 창조의 촉발물로써 작용한다. 그 안타까움의 한 팔 '못 미침'의 거리는 시인의 끝없는 표정의 변화와 노래를 잉태하게 하는 중심작용을 하고 있다.

    나무여, 살얼음 덮고 홀로 선
    나무여 네가 제 키대로 자라나려면
    두어 해 더 찬바람을 맞아
    스스로 윤기어린 잎사귀를 털어야 한다.

                                             - 〈낮은 목소리〉에서

  시간은 찰나도 멈춤을 모른 채 앞의 것에 이끌리고 뒤로부터 밀리며 어쩔 수 없이 흘러가게 마련. 해해마다 나뭇잎은 속절없이 돋아나고 때에 이르러 시나브로 지고 만다. 세월처럼. 차곡차곡 쌓이는 저 생명의 소멸들, 전 우주가 실린 것의 저토록 가벼움. 거기 빛나는 자취는 아무 것도 남아 있지 않다.

- 〈산다는 것은 노래이며 춤〉에서

확실한 것은 가야 한다는 것과
갈 길이 많이 남았다는 것뿐.
이만큼 와서 되돌아보면
길은 실낱 같고
아스므레 달빛에 젖어 있다.

- 〈우리는 나그네〉에서

 신중신의 시를 묶고 있는 인생관은 허무적 기색이 바닥을 적시고 있다. 〈낮은 목소리〉에서는 나무를 중심 시어로 하여 시인 자신의 삶에 대한 천착을 보였고, 그 느낌은 다분히 순명적인 길들임에 따르려는 자세이다. 찬바람을 맞아 '스스로 윤기 어린 잎사귀를 털어내야 한다'는 단언적인 명제에서 시인의 의지는 삶의 원리를 명백하게 정리하면서 살아가는 순박한 허무를 띠고 있다. 〈산다는 것은 노래이며 춤〉은 〈낮은 목소리〉

의 연장선상에서 삶을 바라보는 순명적 생각이다. '어쩔 수 없이 흘러가게 마련'이라는 따름의 생각 때문에 생명의 소멸을 저토록 가벼움으로 바라보고 시인의 의식을 바람에 맡기려는 생각 때문에 '아무것도' '남아 있지 않다'는 확신 앞에 서글픔을 생산한다.

〈우리는 나그네〉도 시인의 일관된 표정 – 아스므레한 달빛의 뉘앙스를 만나게 된다. 갈 길이 많이 남아 있는 미래와 지나온 허무가 접합하면서 현실의 표정은 서글픈 풍경화를 만들어낸다. 이 풍경화는 시인만의 것이 아니라 우리의 것, 다시 말해 공동체 속에 '나'라는 인식 때문에 아집과 편견의 울타리를 넘어 신선한 세계와 만나게 된다. 〈고리〉는 그런 대답을 주고 있다. '묻고 되묻는 고리 고리가 이 사람들을 정오의 번화가에 하나의 공동체로 얽어매고 있었다'라는 우화적인 사건을 잉태한다. 한 사람이 길 건너를 무심코 바라본 표정이 '분명 무언가 일어나긴 한 모양이다'로 확산되어, 그 착각현상으로 말미암아 우리의 삶이 무엇인가를 예감하는 데까지 독자를 끌고 간다. 시인의 확신이 우리의 확신이라는 신념을 내장하고 있어 안도감을 전달한다.

신 시인의 두 번째 특징은 의식이 비상하는 이동의 뉘앙스가 풍성하다는 점이다. 그 하강적 이미지는 '바다'의 유동이고, 상승적 이미지는 '새'로 나타난다. '바다(물)'는 생명의 근원

설화를 간직하고 있으며 이로부터 하늘을 향한 상승현상은 '새'가 되어 고귀한 힘을 느끼게 한다.

> 이른 새벽에 노량진 수산시장을 찾아갔습니다. 사람들로 법석대는 저자에는 바다 한 토막이 잘려져 나와 벌름벌름 숨을 쉬고 있었습니다. 바다는 눈알이 벌겋게 충혈되고 근처에 비린냄새를 풍겼습니다.
> 
> — <바다 한 자락>에서

올림푸스 신화에서 바다를 지배하는 신은 포세이돈으로 그 뜻은 주인이라는 말을 내포한다. 바다는 생명잉태의 기본을 이룰 때 주인은 중심의미를 소유하게 된다. 태내 양수와 유사 이미지인 바다는 생명의 진원지로서 물거품 속에서 태어난 아프로디테의 신앙과 맥락이 닿는다. 신 시인의 바다 또한 충혈되고 비린내가 풍기는 살아 있음을 증언하는 장소로 나타난다. 바다와 동격을 이룬 수산시장으로부터 '벌름벌름' 숨쉬는 생명을 확인하고, 아내가 사온 허연 갈치와 멍게와 문어를 끌어들여 삶의 미각과 생명의 약동과 기쁨을 암시해 주고 있다. 바다는 인간들의 삶이 펼쳐지는 삶의 진원지이면서 시인의 정신구조를 일으켜 세우는 원천적인 작용을 하고 있다.

> 새야, 산에서 사는 새야
> 너는 어디를 향해서 날고
> 무얼 찾아 헤매는가
> 나뭇가지에서 저쪽 가지로 옮겨가며 짐짓 두리번대지만
> 네가 취하는 것은 재잘거림뿐
>
> 나그네들은 길을 가며 비로소 자신을 만난다.
>
> — 〈여행〉에서

> 새는 들꽃처럼 무심하게
> 구름조각처럼 천연스럽게
> 인간의 울타리 밖, 문명의 사슬 너머에서
> 제 난양껏 유희한다.
> 작은 하느님의 재롱이다.
>
> — 〈새〉에서

새가 하늘을 배경으로 할 때 인간의 고독을 떠올리게 한다. 그것도 정처 없음이라는 배경 하에서는 인간의 숙명적 방황의식을 깨우친다. 예의 〈여행〉도 허무한 인상이 나그네와 결합되어 우수를 만나게 한다. 이런 느낌이 사실이라면 시인의 인생은 허무라는 해석에 이른다. 새를 상징하며 나그네와 결합한

뉘앙스가 존재의 느낌으로 귀착될 때 절대자의 품 안에서 재롱 떨고 있는 왜소한 인간을 만나게 한다. 이는 존재의 깨달음에 서만 가능하다. 〈새〉는 궁극적으로 인간의 모습과 오버랩됨으로 자유롭지만 작은 하느님의 재롱과 대칭된 큰 하느님 '속'에 있음을 확인한다.

〈둥지 있는 새는 일찍 돌아간다〉에서도 방황하는 인간의 운명적 존재를 염려하는 시인의 고독한 표정을 만난다. 허무한 생과 운명을 벗어날 수 없는 인간의 본질을 생각나게 하는 창공에서 무한 상상력의 깊이를 만나면서 인간의 고귀한 본질을 숙고하게 한다.

《시와 의식》 1989년 겨울호

# 통찰과 역설의 시학

《카프카의 집》에 대하여

전도현 (문학평론가 · 고려대 강사)

## 1

신중신의 시집 《카프카의 집》에는 날카로운 직관과 사유의 깊이를 통해 얻어진 삶과 세계에 대한 통찰들이 담겨 있다. 그런 인식들은 대부분 사물의 구체적인 감각 속에 녹아들어 있거나 짙은 정서와 어우러져 있기는 하지만, 신중신 시의 특징적인 면모를 보여주는 요소가 된다. 그의 시적 주제와 관심은 다양하게 펼쳐지지만, 냉철하고 깊이 있는 사유를 통해 대상의 본질을 파악하려는 시적 방법론은 일관되게 유지되기 때문이다. 하지만 이같은 시적 노력에 중요한 의미를 부여하는 것은 무엇보다 사물의 전체성을 포착해 내는 통찰력과 사유의 힘일 것이다.

〈더 차가운 는개〉라는 작품을 통해, 우리는 냉철한 자세로 사물의 본질을 꿰뚫어보려는 시인의 태도와 사유의 깊이에 대해 살펴볼 수 있다.

> 상징은 이처럼 돌연히 예감된다.
> 내가 사리의 실마리를 찾아 해변에 섰을 때
> 뺨에 차갑게 와 닿는 물 미립자;
>    미망迷妄의 장막 뒤서 형체를 지어
> 갑작스레 달라붙는 는개 자락.
>      사물이든 사태든
> 온전히 설명되어진다면 불확실한 것이며
> 필시 오류를 전제하기 마련이다.
> 영문을 알 수 없는 자욱함이 있어서
> 뿌리들이 먼저 알고 뒤척이고
> 바다는 벌써 젖을 채비다.
> 세상에 보다 명징한 건
>    어둠에서 태어나는 사상事象;
>      더 차가운 는개.

시인은 자신이 바닷가에 서는 이유를 '사리의 실마리를 찾'기 위해서라고 말함으로써, '미망의 장막 뒤에' 있는 사물의 본질에 접근하려는 욕망을 단적으로 표현한다. 하지만 사물의 본질을 파악하려는 그러한 욕망과 노력이 곧바로 만족할 만한 인식을 낳는 것은 아니다. 오히려 여기서 중요한 것은 손쉬운 결론과 단순 명쾌한 논리에의 유혹을 이겨내고, 사물의 모호성과 복합성을 수긍하는 성숙한 태도일 것이다. 그것은 '사물이든 사태든/ 온전히 설명되어진다면 불확실한 것이며/ 필시 오류를 전제하기 마련'이기 때문이다. 세계와 삶은 항상 그것에 대한 우리의 인식보다 크다. 따라서 대상에 대한 온전한 파악, 남김없는 설명이란 있을 수 없으며, 오류를 내포한 것일 수밖에 없는 것이다. 이와 같은 시적 진술을 접하고 나면, 우리는 신중신의 시적 인식이 복잡다단한 사물의 전체성을 사상하고 얻어지는 일면적인 진실과는 다르다는 사실을 깨닫게 된다. 또한 마지막 구절, '세상에서 보다 명징한 건/ 어둠에서 태어나는 사상;/ 더 차가운 는개'라는 역설이 깊은 진실을 내포한 진술임을 알게 된다.

2

 지적이고 복합적인 시선으로 사물의 본질을 탐색하는 시적 방법론은 순수 자연의 세계와 내밀한 삶의 원리를 통찰하는 시편들에서 더욱 빛을 발한다. 시인은 '단내 뿜으며' 북극 빙하지대를 내닫는 소록 떼의 거친 발굽들과 '실 같은 욕망을 쉼 없이 옴지락대'는 '덩굴손의 은근한 정중동靜中動'이라는 서로 대조적인 모습에서 삶의 '고독한 몸짓'과 '단내'(〈어디서든 단내가 난다〉)를 공통적으로 추출해낸다. 또한 '대칭'을 이루는 두 가지 현상인 삶과 죽음을 나란히 배치하여 생명의 원리에 대한 균형적인 인식을 추구하고(〈대칭〉), 그 결과로 '사바나의 악어가/ 강을 건너는 누 떼며 얼룩말을 덮쳐선/ 토막쳐 삼키므로/ 생명력이 순환된다.'(〈여름 한가운데서〉)라는 진술을 통해 삶과 죽음의 단절을 넘어선 통일된 인식을 표현하기도 한다. 개울물에 놓여 있는 자갈을 통해 '신선한 자연의 숨결'을 감지하고 '생의 잠언'을 이끌어내는 다음 작품도 신중신 시의 이러한 특징을 잘 보여준다.

물씻김 잘된 단단한 돌이
제 놓일 자리에 있는 걸 보면
정지 속의 변화를 읽으리라.
오랜 세월이 하나의 덩이를,
미끄러운 물살이 쉼 없이 넘쳐
부드러운 선을 지었다.
이 신선한 자연의 숨결

거푸 낭패함에도 삶은 이어지고
다시 가슴 울렁이는 데서

세월은 쌓이고, 그 역시
물흐름 같은 것.
개울물이 무위롭게 쓰다듬고
때론 굽이쳐 휘감는
저 낭랑한 몰입,
그것이 바로 우리 생의 잠언이다.

– <모험> 부분

쉼 없이 흐르는 개울물 속에 놓여 있는 '물씻김 잘된 단단한 돌'에서 시인은 '신선한 자연의 숨결'을 느낀다. 그것은 오랜 세월이 만들어낸 '부드러운 선'을 통해 '정지 속의 변화'를 읽었기 때문이다. 개울물의 끊임없는 흐름을 통해 오랜 세월의 경과를 떠올리고, 그것이 보이지 않는 자연의 원리, 즉 '정지 속의 변화'를 포착해내고 '신선한 자연의 숨결'을 느끼는 것이다. 또한 시인은 때로는 '무위롭게 쓰다듬고, 때론 굽이쳐 휘감는' 물흐름에서 많은 굴곡 가운데서도 끊임없이 이어지는 우리 삶의 모습을 발견한다. '거푸 낭패함에도' '다시 가슴 울렁이'며 이어지는 삶에 대한 이같은 통찰은 삶의 어두움과 밝음을 너그럽게 감싸안는 원숙함을 느끼게 한다.

## 3

  자연과 삶에 대한 이같은 통찰은 다른 시편들에서 다양한 주제로 변주되어 전개된다. 예컨대, 개울물 속의 자갈에서 '정지 속의 변화'를 읽어내고 '신선한 자연의 숨결'(《모험》)을 감지하는 시인의 통찰력과 자연 친화적인 상상력은 자연의 생명력과 우주의 신비로운 섭리를 노래하는 많은 시편들로 확대되어 나타난다. 시인은 한 그루의 나무를 '우주의 일부인 동시에/ 일부의 전우주'(《가을이 강을 건넌다》)라고 파악하며, '죽음 곁에서 새 움이 돋아나고/ 꿈꾸지 않으면서/ 꽃을 피우는' 풀잎의 생명력을 새벽이슬에 젖어 '한 소절마다의 엽록소로'(《풀잎》) 노래한다는 구절로 아름답게 형상화한다. 그리고 이런 나무와 풀잎들이 만드는 '숲'은 인간적인 척도를 넘어서 있는 신비로운 장소, '삶 바깥의 삶/ 미지를 미지로 남게 하는/ 신神의 영토'(《숲》)로 그려진다. 이처럼 우주의 신비를 간직한 숲은 또한 '죽음 이전의 생명, 삶 속의 태반胎盤'이요, '꿈을 꾸게 하는 동굴'이며 '우리 유년의 푸른 바다'(《숲에의 기억》)로서, 인간이 상실한 진정한 삶의 터전을 표상한다.

  따라서 우주의 조화로운 질서가 구현되는 장소이자 '신의 영토'(《숲》)인 '그 숲이 차례로 무릎을 꿇고 있'(《메시지》)는 현실은 곧바로 비판의 대상이 된다. 시인은 '숲 하나 쓰러지면/ 호수 하나 줄어들고/ 그 넓이만큼 묘지가 늘어난다'(《숲이 쓰러지면〉)고 비판하며, 나아가 황폐한 현실의 모습을 묵시록적 예감이 서려 있는 불모의 강을 통해 형상화하기도 한다(〈백년보다 긴 강〉). 그렇다면 이처럼 자연을 파괴하고 우주의 섭리를 거스르는 현실은 어디에서 비롯된 것일까?

> 서울 한복판을 관류하는
> 한강 배꼽자리 공터
> 밤섬의 저 고요함.
> (유용과 효율
> 가치와 생산성을 등진 언저리)
> ─헐벗은 한 조각 땅이
> 숨을 쉰다 다소곳이
> 노자老子가 숨을 쉬고 있을까
> 무용無用의 밤섬에서
>
> 철새도 떠나간 이른 봄에
> 시든 풀더미에 덮인 반뼘 황무지가
> 더 큰 황무지의 탈진을
> 가까스로 연명시키고 있는 경구警句를 읽는다.
>
> ─〈밤섬을 바라보며〉 부분

무한 욕망과 생존을 위한 속도전이 벌어지는 서울 한복판에 위치한 밤섬은 '헐벗은 한 조각의 땅'에 불과하다. 하지만 시인은 이 무용의 공터, 밤섬에서 물질문명의 맹목적인 흐름을 벗어난 고요함을 느끼고 노자를 떠올린다. 그것은 자연 파괴와 진정한 가치의 상실을 초래한 근본적인 원인이 '유용과 효율/ 가치와 생산성'이 지배하는 우리 시대 삶의 양식에 있다는 반성적 인식 때문이다. 이런 맥락에서 '쓸모없음의 쓸모'를 주장한 노자의 역설은 시인에 의해 '시든 풀더미에 덮인 반뼘 황무지가/ 더 큰 황무지의 탈진을/ 가까스로 연명시키고 있다는 경구'로 변용된다. 이것 역시 직선적인 논리의 단절에도 불구하고 이면의 진실을 내포한 역설이다. 여기서 우리는 '시의 언어는 역설의 언어'라는 신비평가들의 주장이 아니더라도, 세계에 깊이 있는 통찰이 흔히 역설의 언어로 표현되는 것을 보게 된다. 이것은 앞서 살펴본 작품들이 '세상에서 보다 명징한 건/ 어둠에서 태어나는 사상'(〈더 차가운 느개〉), '덩굴손의 은근한 정중동'(〈어디서든 단내가 난다〉), '정지 속의 변화'(〈모험〉) 등의 역설적 언어로 이루어졌다는 사실을 떠올리면 분명해진다.

한편, 삶의 유한성과 고독을 우울하게 표출하면서도 이에 굴복하지 않으려는 생의 열정과 의지를 노래하는 시편들에서도 우리는 시인의 삶에 대한 깊은 통찰과 원숙한 태도를 확인해

볼 수 있다. 시집의 표제작인 〈카프카의 집〉에서 그는 '집의 낯익은 현관 문고리를 잡고서도/ 여기가 어디던가' 하고 묻는 영원한 이방인의 모습을 통해 삶의 본원적인 고독과 방황을 그려내고, 이국의 낯선 기차역을 에워싼 잿빛 안개 속에서 '퍼내고 퍼내어도 바닥이 보이지 않는 상실의 깊이'(〈잿빛 안개〉)를 느끼기도 한다. 그리고 시간의 흐름을 예민하게 감각하는 〈독해법讀解法 2〉와 〈찰나〉라는 작품에서는 삶의 유한성과 일회성을 뼈저리게 확인하는 시인의 모습을 볼 수 있다.

하지만 삶에 대한 비극적인 인식을 표출하는 작품들의 다른 한편에서 우리는 '추위 속에서 더 청정해지는 정신'(〈불굴에 대하여〉)을 추구하는 시편들을 만날 수 있다.

> 겨울 틈바구니에 자리잡은 매화의
> 그 내면에 숨쉬는 열정은
> 작아도 불굴이다.
> 매일의 날엔 반드시
> 맞서고 획득해야 할 어떤 것이 있다!
>
> — 〈불굴에 대하여〉 부분

> 흰 눈 속의 동백 빨간 망울들
> 살얼음 밑 인동忍冬의 파란 돌미나리,

그렇듯 삭히고 돌아누울 때

죽음보다 참기 어려운 시련도

해질녘

흔들리는 목교木橋를 건너 숲으로 간다.

― <은유법> 부분

'겨울 틈바구니에 자리잡은 매화', '흰 눈 속의 동백 빨간 망울들', '살얼음 밑 인동의 돌미나리' 등이 표상하는 것은 명백해 보인다. 그것은 삶의 비극적인 조건에 굴복하고 체념하여 내면의 열정과 의지를 잃지는 않겠다는 시인의 정신이며, 시련과 역경을 극복하고 '흔들리는 목교를 건너 숲으로' 가려는 시인의 소망이다. 그런데 시인이 이처럼 삶의 비극성에만 경도되지 않고 '매일의 날엔 반드시/ 맞서고 획득해야 할 어떤 것이 있다.' 는 깨달음에 도달할 수 있었던 이유는 무엇일까? 그것은 아마도 시인의 진지한 삶의 자세와 함께, 흔히 역설적 언어로 표현되는 삶의 복합성에 대한 인식 때문이라고 해야 할 것이다. '삶과 죽음', '삶의 어두움과 밝음'을 동시에 인식할 수 있는 성숙하고 균형잡힌 시각이 비관주의에로의 일방적인 기울어짐을 막는 요인으로 작용했다고 보아야 한다.

이제 시인은 삶의 본질을 '가망 없음의 가망'으로 파악하고, '오직 불가능을 사랑하는 일의 우뚝함'(<Allegory>)을 인식하게 된다. 이것은 시인의 불가피한 운명일지도 모른다. 본래 시인이란 불가능을 꿈꾸는 자가 아닌가. 그러나 모든 시인이 이런 명징한 깨달음에 도달하는 것은 아닐 것이다. 그 점이 이 시집의 의미를 되새겨보게 만든다.

《동서문학》 1998년 가을호

# 어느 낙천주의자의 사랑 노래

《아름다운 날들》에 대하여

이형권 (문학평론가 · 충남대 교수)

## 1. 긍정의 사유, 혹은 낙천주의

우리 시단에서 낙천주의적 사유를 보여주는 시인을 찾아보기가 여간 어렵지 않다. 지금은 세기 초라는 희망의 연대임에도 불구하고 아직도 많은 시인들이 세기말적 우울과 데카당스의 분위기에서 자유롭지 못하다. 현실을 노래하는 시인들은 어두운 시대의 그늘에서, 내면을 노래하는 시인들은 트라우마의 그림자에서 충분히 놓여나지 못하고 있다. 그러나, 이 시집은 현실과 내면의 아름다움을 주시하는 낙천주의자가 부르는 생명, 혹은 사랑의 노래들로 채워져 있다. 이 시집의 많은 시편들은 인생의 긍정적 측면을 노래할 때는 물론 어두운 현실이나 고뇌어린 내면을 노래할 때에도 인생에 대한 긍정적 사유, 혹은 낙천적 전망을 놓치지 않는다. 이런 까닭에, 이 시집을 읽으면서 세계와 인생이 궁극적으로 선한 존재라고 보았던 라이프니츠의 낙천주의적 세계관을 떠올려 보는 것은 자연스럽다. 라이프니츠는 〈변신론辯神論〉에서 모든 피조물들은 창조주보다 완전하지 못하기 때문에 부분적인 오류로서의 악을 지닐 수밖에 없으나, 악은 어디까지나 선을 증진하기 위한 반면적이고 대조적 의미를 지닐 뿐이라고 주장했다. 그에 의하면 인간 세계는 신이 선택한 최선이므로 그곳에 존재하는 악조차도 결국은 아름다운 세상을 만들기 위한 신의 예정조화에 공헌한다.

 라이프니츠에게서 보듯이 낙천주의는 인생에 대한 긍정적 사유를 기초로 삼는다. 낙천주의는 인생이 아무리 추레하고 절망적일지라도 인간의 노력으로 얼마든지 아름답고 행복하게 만들 수 있다고 믿는다. 시집에 의하면, 시인은 '저녁 한때를 맞는 사람'(〈노을〉)으로서 '내 체는 정녕 어딘가 잘못되어 있'(〈불가측 불가해〉)으며 '내 생애의 경영은 철저하게 결손 투성이'(〈심연에서〉)일 뿐 아니라 '올 한 해의 희망도 으레 바스러져 갈 거'라고 하면서 자신의 삶을 반성한다. 그러나 이것이 전부는 아니다. 세상은 비록 '끼리끼리 울타리를 만들고 몫을 나눠 갖고선/ 저들만의 개선 행진곡을 신나게 불러대'(〈이상한 나라〉)는 이기적인 곳으로서 '지상에 드러난 건 무어나/ 제 무게를 감당해 나가지 않으면 안돼'(〈附言〉)는 힘겨운 피투성彼投性의 공간이지만, 그곳에서의 인생이 근본적으로 비판적인 것은 아니다. 시인은 '자신의 방식대로 세상을 끌어안았기에'(〈

그)) 인생의 도정에서 어떤 어려움과 대면하더라도 그것을 극복하여 행복한 삶에 도달할 수 있다고 본다.

    가지 끝마다 홍옥이 오달지게 매달렸다
    노인은 소금가마니 한 짐 지고 개울을 건넌다
    만삭의 여인이 남산 같은 배 내밀고 손가락을 꼽고 있다

    - '무거운 짐 지고 수고하는 자 다 내게로 오라.'

    허겁지겁 헌털뱅이 지개라도 챙길 일이다
    그 아니면
    울며 겨자먹기로 빚이라도 지거나
    용서받을 만한 죄쯤 불안아야 할 일이다
    때는 넓은 바다에 돌멩이 하나 가라앉는 듯한
    가을이다

    키를 뒤집어써도 좋고
    네미럴, 여우는 못 잡고 온몸에 음탕한 냄새만 배고 만
    꼴갈잖은 행세인들 무슨 대수랴
    오쟁이 지지 않았다면
    그런 가을이라면

랄랄랄랄 랄랄랄랄 랄라라
　　　　　　　　- <한 낙천주의자의 가을 보기> 전문


　여기서 '홍옥'과 '노인'과 '만삭의 여인'은 오롯한 가을 풍경을 구성한다. 모두 '무거운 짐 지고 수고하는 자'로서 위로 받아야 할 존재들이다. '홍옥'은 풍요로운 결실을 위해, '노인'은 소금을 나르기 위해, '여인'은 새 생명의 탄생을 위해 '무거운 짐'을 지고 있기 때문이다. 셋째 연에서 시인은 그 풍경을 보편적 인생론으로 확대 해석하여 인생은 어차피 '빚'이나 '죄'와 같은 짐을 지고 살아가는 삶에 대해 고통스럽다고 생각하지 않는다는 점이다. 시인은 '수고하는 자'들이 구성하는 세상의 풍경과 자신의 삶에 대해 '꼴같잖은 행세인들 무슨 대수랴'라고 하면서 '가을'이라는 계절이 갖는 차분한 분위기 ('넓은 바다에 돌멩이 하나 가라앉는 듯한/ 가을')에 마음을 주고 있다. 그래서 시인은 '오쟁이 지지 않'을 정도의 '가을'이라면 '랄랄랄랄' 행복할 수 있다는 것이다. 어느 '가을' 풍경 (혹은 인생)을 매개로 한 '한 낙천주의자'의 이러한 긍정적 사유는 다른 시편들에서도 다양하게 변주된다.

## 2. 생명의 탄생, 생동하는 생명과 사랑

　생명, 혹은 인생을 바라보는 태도는 그 기원으로서의 탄생에 대해 어떤 가치를 부여하느냐에 따라 달라진다. 탄생이 없는 생명은 있을 수 없기 때문에 탄생을 긍정적으로 보느냐 혹은 부정적으로 보느냐에 따라 인생에 대한 태도도 낙관주의와 비관주의로 갈라진다. 인생에 대해 긍정적 태도를 지닌 사람은 생명의 탄생을 아름답게 인식하고 탄생 이후의 생명도 선한 것으로 본다.

> 태어난 아기는 자궁 속을 기억하지 못하고
> 어리둥절한 듯 주위를 두리번댄다.
> 한데 저 눈망울의 천연스러움은 뭐란 말인가.
> 배밀이와 목을 치켜들려 애쓰는
> 뒷심은 어디서 오는가.
> 이렇게 해서 한 울타리가 이루어지고
> 각각의 꽃이 어우러져 새로운
> 꽃밭을 만든다.
>
> 컴컴한 하늘 저편에 뇌성벽력이 칠 때
> 호수 수면은 짐짓 먼산바라기다.
> 그 사이, 물속에서는 물잠자리가 산란을 한다.
> 모든 것을 감싸고도는
> 이
>
>                                - 〈율律〉 부분

이 시의 '율'은 생명 탄생, 혹은 생명 현상을 지배하는 원리를 뜻한다. '태어난 아기'가 지닌 '눈망울의 천연스러움'은 새로운 생명의 표징이고, 그 '배밀이와 목을 치켜들려는/ 뒷심'은 생명을 이끌어 가는 에너지를 표상한다. 또한 '한 울타리' 안에서 '각각의 꽃이 어우러져' 형성되는 '새로운/ 꽃밭'도 마찬가지다. 그러나, 생명 탄생은 그렇게 순수하고 평화롭게 이루어지는 것이 아니라 '뇌성벽력'과 같은 시련과 고통을 견인해야만 성취되는 것이다. 생명의 탄생은 '호수 수면'이 '뇌성벽력'에 흔들리지 않는 의연한 자세를 견지해야 '물속에서는 물잠자리가 산란을 하'듯이 성취되는 것이다. 이때 평화로운 '호수 수면'이 선이라면 '뇌성벽력'은 악의 요소에 해당할 터, 이러한 악의 요소를 극복하여 선이 실현된다고 믿는 것은 전형적인 낙천주의적 인생관이다. 생명 탄생에 대한 긍정적 인식은 〈탄생 설화〉에서도 '관능에서 해방된 머리카락이/ 바다 거품 위로 비너스를 탄생시킬 것'이라고 제시된다. 또한, 〈지상의 작은 등불〉에서 '지상의 작은 등불/ 오, 아가야'라고 하여 '아가'에게서 새 생명의 희망을 발견하고, 〈아가雅歌〉에서는 '우리 조막손 아기한테서' 새로운 생명의 예징을 발견한다.

　생명의 탄생, 그것은 악을 넘어서 선을 실현해 가는 일이기에 세상을 생동감으로 넘치게 한다. 비바람에 시달린 야생의 꽃이 온실에서 자라난 꽃보다 향기가 짙듯이 시련을 거쳐 탄생

한 생명은 아무런 고통 없이 순탄하게 태어난 생명보다 아름답다. 그런 생명은 자기 정체성을 뚜렷이 간직하면서 활기 넘치고 풍요로운 세계를 구성하게 마련이다.

> 생은 이만쯤은
> 출렁거림을 허락받았나보다.
> 저 같은 색감의 황홀이며
> 볼륨에서 풍기는 매혹,
> 피어나는 정신과 늘어지는 육체를…
> 고개 치켜세운 채 담을 넘는
> 저 불꽃!
> '섹스, 에로티시즘 그리고 사랑이
> 중심이 같은 동심원을 이룬 정열의 기하학'을
> 끓어오르는 시간,
> 골목 안 수런거림과
> 풍만함이 실린 이 대기 속에-
>
> 일촉즉발,
> 모든 풍경이 긴장을 한다.
> 눈에 접히는 색과 향기 외에
> 붉은 겹꽃잎으로 뭉긋한

저 출렁거림을 보아.

　　　　　　- &lt;출렁거림에 대하여&gt; 부분

　시인은 개인 주택이나 아파트 담장에 흐드러지게 만개한 넝쿨장미의 모습에서 생명의 생동감을 발견하고 있다. 생동감은 '색감의 황홀' '불꽃' '붉은 겹꽃잎' '향기' '출렁거림' 등의 감각적 표현을 통해 형상화되는데, 특히 '출렁거림'이라는 시어는 시 전체의 분위기를 활달하게 이끄는 역할을 담당한다. '출렁거림'의 생동적 이미지는 옥타비오 빠스의 저서를 인유한 '섹스, 에로티시즘 그리고 사랑이/ 중심이 같은 동심원을 이룬 정열의 기하학'과도 자연스럽게 어울린다. 생명은 사랑의 결과이고 사랑은 몸과 마음이 대상을 향해 역동적으로 다가가는 것이기 때문이다. 더욱이 이 도저한 세계는 외적 풍경에 머무는 것이 아니라 '피어나는 정신'의 내면 풍경을 구성함으로써 더욱 아름답다. 그런데, 외부 세계와 내면세계를 아우르는 이 아름다움이 '모든 풍경이 긴장'하게 하는 '일촉즉발'의 상황에 놓였다고 한다. 이 진술은 시인이 발견한 아름다움이 절정의 상태에 도달한 것임을 뜻한다. 모든 절정에는 상승의 최대치에서 급전직하의 가능성을 내장하게 마련이어서, 아름다움의 절정도 '일촉즉발'의 위기와 함께 존재할 때 진정한 가치를 획득할 수 있기 때문이다. 이처럼 '출렁거림'이 형상하는 생동하는 생명의 이미지는 '내 적막한 저녁이 출렁거려서/ 수풀은 밤이슬로 촉촉이 젖고/ 먼 바다엔 뇌성벽력이 칠 거라'(〈그럴지어다〉)는 시구에서도 재현된다. 풍경이 출렁거리니 세상이 출렁거리고 세상이 출렁거리니 생명과 사랑의 시심도 함께 출렁거린다.

생명과 가장 잘 어울리는 계절은 봄이다. 봄은 온갖 생명들을 새로운 활기로 달뜨게 하는 자연의 시간이자 움츠렸던 인간의 마음속에 희망과 사랑을 움트게 하는 인간의 시간이다. 봄은 이 시집에 드물지 않게 등장하면서 자연과 인간을 생동하는 아름다움의 세계로 이끄는 시간적 배경으로 기능한다.

①한동안 잠잠했던 어금니가 쑤신다
봄기운이 도처에 널브러져
곶串과 만灣이 허벅지를 포갠
저 밑으로부터의 들썩임.

— 〈봄날〉 부분


②무지無知가 밭을 갈리라
봄은 늘 늘쩍지근하고 나른키만 해
땅은 언제나 백치 같다네
여인은 홀씨방房 사랑을 원한다네

— 〈나르시시즘1〉 부분

①에서 봄은 '들썩임'의 계절이다. '들썩임'은 앞서 보았던 '출렁거림'과 유사한 시어로서 에로티시즘의 이미지를 구현한다. '곶과 만이 허벅지를 포갠'에서 오는 '들썩임'은 자연의 생동감을 에로티시즘의 이미지로 표현한 것이다. 이는 다른 시의 '고요한 돈 강이 혁명에 들까불리던 끝에/ 흑해를 만나 몸을 푼다'(〈하구河口〉)는 표현과 유사하다. 에로티시즘은 이 시집에 자주 등장하는 감각적 표현과 세계 인식의 통로로서 '경천동지할 일'(〈에로티시즘〉)이라고 할 정도로 중요한 역할을 담당한다. 또한 ②에서 봄은 자기애의 시간이다. 에로티시즘이 타자를 향한 사랑이라면 나르시시즘은 자기를 향한 사랑이다. 자기애는 개체적 자아에 대한 자긍심의 표현이란 점에서 한 생명이 갖추어야 할 기본적 요건이다. 시에서 '여인'이 원하는 '홑씨방 사랑'은 홀로 자신을 사랑하는 것인데, 그녀가 봄에 '무지의 밭을 갈리라'는 것은 자기애에 충실한 삶을 지향하겠다는 다짐이다. 타자에 무지함으로써, 혹은 작위적인 지식에서 벗어남으로써 순수한 자아를 사랑하겠다는 의지의 표명이다. 이렇게 봄과 생명과 사랑을 일체화하여 아름다운 세상, 행복한 인생을 상상하는 일은 이 시집이 지향하는 하나의 목표라 할 수 있다.

## 3. 시원적 자연의 연속성과 불멸의 꿈

생명은 고통스런 과정을 거쳐 탄생한 아름다운 존재다. 그러나 모든 생명은 유한적 존재이기 때문에 절대적 가치를 부여받을 수 없을 뿐 아니라 언젠가는 죽음의 세계로 돌아가야 하는 비극적 운명을 지닌다. 이러한 운명에 대응하는 방법은 두 가지가 있을 수 있는데, 하나는 그것에 순응하는 태도이고 다른 하나는 그것을 부정하는 태도다. 낙천주의자는 후자의 태도를 취하면서 비극적 운명 너머의 세계를 꿈꾼다. 이 시집에서 지향하는 그 너머의 세계는 시원적 자연과 신성한 불멸의 세계인데, 먼저 시원적 자연을 지향하는 모습은 아래의 시에 전형적으로 드러난다.

가까우면서도 높고, 매일 대할지라도 새로워질 뿐. 지금까지 그랬듯 앞으로도 그러할 태초 본연이요 그대로의 있음이니라. 생명의 모태인 바다가 출렁거려 자정작용을 하듯 나 또한 천지간 의연히 버텨 섰으므로 만물과 인연이 길이 이어가게 살펴 거두리라.

사람과 역사의 비린 욕망, 걸음마다 남기는 회한, 은 삼십 냥의 죄값도 내게 와서 버려라. 더러운 마음 아니라면 일곱 번을 일흔 번이라도 와서 버려라. 그것들의 터럭 한

올 뇌수마저 깡그리 지우고 헹궈 그대들 영혼이 저 고생대 빙하처럼 순수케 하리라.

　　더불어 숨 쉬는 소나무 박달나무 향나무 상수리나무… 백년을 묵어도 첫돌 맞을 때같이 싱그럽고 철따라 거듭나는 나무가 정결한 흰눈까지 덮어쓴다면. 이로써 태어나고 노래하고 사랑하며 지칠 줄 모르는 아침을 맞게 되리니, 내가 즉 영원이며 신생이노라.

- <겨울산이 하는 말> 부분

　'겨울산'을 신격화한 이 시는 시원적 순수의 세계를 향한 염원이다. 정결한 '태초 본연'의 모습을 간직한 '겨울산'은 '바다가 출렁거려 자정작용을 하듯' 이 인간의 욕망과 타락한 세상을 정화하는 구실을 한다. 신성한 '겨울산'이 전하는 말들은 깨끗하고 아름다운 세계를 견인하려는 시인의 소망이 반영된 것이다. 둘째 연에서 '겨울산'은 사람들에게 '비린 욕망'을 자신에게 버림으로써 '영혼'을 정화하라고 요구하고, 셋째 연에서 만물들에게 '흰눈'처럼 깨끗한 세계에서 '태어나고 사랑하'기를 바라는 것은, 그런 소망의 표현이다. 더욱이 '겨울산'이 스스로 '영원이며 신생'이라고 자처하도록 표현한 것은 아름다운 생명과 사랑을 간단없이 지속하고 싶은 시인의 소망이 그만큼 절실하기 때문이다. 마치 '냉연한 풍경 가운데 설핏/ 녹색 문 하나 열리'(〈겨울 바다〉)듯이 아름다운 세상이 열리기를 고대하는 것이다. 신성의 자각과 긍정적 사유는 〈내 마음속의 리듬〉, 〈14행 시〉, 〈붓꽃〉 등에서도 드러나는데, 특히 내 〈마음속의 리듬〉의 '어느 것인들 괜찮구말구'라는 시구는 이 시집이 견지하는 낙천적 인생관을 매우 함축적으로 제시한다.

긍정적 세계에 이르는 또 하나의 방법은 불멸의 꿈을 꾸는 것이다. 비관주의자는 인생을 일과성으로 지나가는 사소한 것으로 보지만, 낙천주의자는 인생을 연속적으로 이어지는 숭고하고 소중한 것으로 간주한다. 불멸을 꿈꾸는 것은 파멸의 불연속성을 극복하여 영원한 생명의 세계로 나가려는 낙천주의자의 속성 가운데 하나다.

①모래벌판 한 귀퉁이 샘,
미인의 눈썹인 월아천
아니, 낙타눈깔이다. 오랜 세월
통정의 늪, 우람한 사내의 흔적을 간직한
수절 아낙네의 볼우물 같은…

가고 오는 세월 속에 머무는 것 있어
불끈 치솟은 모래산은 그것대로,

물그림자 지는 월아천 또한 고요하다.
내가 이 정적과 만남은
못 버린 불멸에의 꿈 때문이 아닐까.

　　　　　　　　　　－ <명사산 월아천> 부분


②이승과 저승의 건널목에도 눈발이 분분하다면,
그대와 나 사이에도 이같이
녹이고 녹여든다면,
일체는 제각각의 두루뭉수리지만
세상 복판으로 흰눈 송이송이
어울려 흩날리는 속에서는
어제와 오늘,
바라보는 눈과 보이는 이가 둘이지 않다.

　　　　　　　　　　－ <내리는 눈발 속엔> 부분


　①은 생명의 유한성을 극복하려는 의지를 드러낸다. 그 매개물은 '명사산'의 오아시스인 '월아천'인데, 거기서 '불멸의 꿈'을 떠올리는 근거는 '월아천'의 외양이 '낙타누깔'처럼 생겼기 때문이다. 그런데, 낙타와 오아시스는 그 외양뿐 아니라 상징적 의미도 유사하다. 즉 낙타는 오아시스와 마찬가지로 죽음의 땅인 사막에서 인간이 살아갈 수 있도록 도와주는 생명의

전도사다. 따라서 '월아천'을 낙타, 혹은 '낙타누깔'로 비유한 것은 적실성을 확보하는데, 거기서 다시 '불멸의 꿈'을 떠올린 것은 '월아천'이 생명의 연속성을 지향하는 '통정'을 표상하는 것으로 보았기 때문이다. 즉 '월아천'은 여성 이미지를 형성하면서 그 옆의 치솟은 '모래산'의 남성적 이미지와 함께 남녀의 '통정'을 암시한다. 이때 '통정'은 물론 부정한 남녀 관계가 아니라 생명들 사이의 연속성을 견인하는 건강한 에로티시즘을 표상한다. 이렇게 시인은 인간이 자연과의 연속적 관계 속에서 '불멸의 꿈'을 꾸는 것이다. 또한 ②에서 '눈발'은 연속적 세계 인식의 매개체다. '눈발'은 인생과 관련된 불연속적인 것들, 이를테면 '이승과 저승', '그대와 나', '어제와 오늘', 그리고 '바라보는 눈과 보이는 이'를 불이不二의 존재로 보게 한다. 시인은 '눈발'이 상징하는 일체적 연속성을 발견하여 어두운 세상과 고통스런 인생을 긍정할 수 있는 낙천적 시심을 얻은 것이다.

## 4. 역설, 존재의 모순을 넘어서는 방식

그러면 낙천주의의 인식론적 토대는 무엇인가? 그것은 인생에 대한 무조건적 긍정이 아니라 인생의 모순성을 적극적으로 인식하면서 그것을 변증법적으로 극복해 내려는 의지다. 이 의지를 달리 말하면 인생에 대한 역설적 인식이라고 할 수 있다.

우리가 일상 절대 아니다 라고 할 때, 그 말 속에 그렇다거나 맞다거나 옳다 중 어느 한 가지가 들어있게 마련이다. 금강석은 가장 단단하기 때문에 어떤 것보다 모질게 깎이고 세밀히 다듬어진다. 절대라는 말이 덫이고 가장이라는 뜻이 위험천만이다. 파도는 다만 부서지고 잦아들며 덧없는 일이 반복되는 그것만이 불변인 곳을 향해 끈질기게 밀려든다.

　모든 이별에는 나름대로의 애틋한 사연이 있으리라. 절대 헤어져선 안 될 사이에 영이별이, 가장 잃어선 안 될 것에 상실이 따른다. 우리는 결국 떨어져야 하고 끊어질 게 틀림없을 그 무엇을 얻고자 기를 쓰고 있지 않을까? 하지만 틀림없을이라는 말 속에 희망이 있어, 금이 가고 깨지고 곤두박질쳐질 그것만이 온전한 길에 나 오늘 그대 찾아 나선다.

- &lt;패러독스&gt; 전문

　세상의 모든 것들은 서로 배타적, 절대적으로 존재할 수 없다. 인간과 자연, 문명과 자연, 사람과 사람, 사랑과 이별, 심지어는 삶과 죽음마저도 이분법적으로 분리되지 않는다. 빛과 어둠이 그러하듯이 그것들은 각기 동전의 양면처럼 상대와의 관계망 속에서 진정한 존재의 의미를 부여받는다. 첫째 연에서 말하듯이 '절대라는 말은 덫이고 가장이라는 뜻이 위험천만'이다. 이런 생각은 '절대 아니다' 라는 말 속에도 '그렇다거나 맞다거나 옳다 중에 어느 한 가지가 들어있게 마련'이라는 시구에 더 상세히 드러난다. 부정적인 말 속에도 항상 긍정적인 의미가 내포되어 있다는 것이다. 둘째 연의 '모든 이별'에 관한 진술도 마찬가지다. 이별이 절대 없을 것 같은 사람에게도 이별은 언제나 찾아오게 마련이며, 이별의 시련이 그 사람을 '금강석'처럼 단련시켜 더 아름답고 강인하게 한다. '결국 떨어져야 하고 끊어질 게 틀림없을 그 무엇을 얻고자' 할 때, '틀림없을이라는 말 속에 희망이 있' 다는 것이다. 이 역설적인 인식에 의해 이별은 더 새롭고 고양된 만남의 계기로 승화된다. 이러한 인식은 '눈비 내리고 질척거리기만 했던 세기'였을지라도 '불가마 속에서 활활 타올라'(〈참숯에 대한 명상〉)야 한다는 진술에도 드러난다.

모순성은 외적 현실로서의 부조리한 세상사에만 존재하는 것이 아니다. 메를리 퐁티가 인간의 내면에는 사물들의 내적 등가물internal equivalent이 존재한다고 했던 것처럼, 외적 현실의 모순성은 인간 내면의 모순성과 영향을 주고받으면서 상관적으로 얽혀 있는 것이다. 산문시 형태로 된 〈내 안의 불꽃과 꽃불〉에서 음절의 전치를 통해 형성된 '불꽃'과 '꽃불'의 이미지는 인간 내면의 모순성을 표상한다. 흥미로운 것은 '불꽃'은 '불'을 초점화하여 '소멸'과 '육신'을 지배하는 것으로, '꽃불'은 '꽃'을 초점화하여 '성취'와 '영혼'을 지향하는 것으로 규정한다는 점이다. 말장난 같기도 한 '불꽃'과 '꽃불'의 구분은, 그러나 인간의 내면에 존재하는 모순성, 혹은 이중성을 효과적으로 드러낸다. 생각해 보면, 인간 내면의 의식과 무의식, 이성과 감성, 사랑과 증오, 희열과 고통 등속은 각기 상대성을 지니는 것으로서, 의식과 이성과 사랑과 희열은 그 상반되는 요소인 무의식과 감성과 증오와 고통으로 인해 진정한 가치를 부여받는다. 그 반대 방향에서도 마찬가지다. 그리고 이 상반되는 것들을 '상이한 두 속성이 늘 포개어져 우리 입에 오르내리' 듯이 동시적, 통합적으로 인식할 때 역설이 발생하는 것이다. 인간 내면의 모순성, 혹은 외적 현실의 모순성에서 배태된 이 역설적 인식의 태도가 바로 이 시집을 지배하는 낙천적 사유의 토대라 할 수 있다.

### 5. 끄트머리, 새 길을 향한 출발점

이렇듯 신중신 시인이 고통과 모순의 세상에서 선택한 시의 방식은 낙천적 사유와 생동하는 감각의 발견이다. 그는 세상의 고통과 모순을 서둘러 봉합하지 않고 낮은 포복으로 끌어안고 넘어서고자 한다. 진창 같고 철조망 같은 세상에서도 그는 파란 하늘의 기운으로 돋아나는 새싹들에 눈길을 주며 행복의 노래를 부른다. 실존적 고뇌를 동반하기도 하는 그의 시들은, 자연과 생명과 사랑의 '출렁거림'으로 생동하는 깊고 넓은 언어의 성채를 구축한 것이다. 시인의 영혼도 생명의 탄생, 생명의 생동감, 에로티시즘, 나르시시즘, 시원적 자연, 불멸에의 꿈, 역설적 인식 등과 함께 출렁, 출렁거리면서 선한 세상이 펼쳐질 것을 낙관한다. 그리하여, 그는 정녕 '아름다운 날들'을 상상할 줄 하는 시적 개성에 이르렀다.

> 대지를 감싸덮은 눈은 아름다운 폭력이다.
> 북극 수림지대, 숲이며 얼어붙은 계곡이
> 공평하게 겨울을 한 겹 더 덮어썼다.
> …(중략)…
> 사내가 간밤에 가진 사정射精이
> 찔끔 흘린 눈물처럼 서러웠던 건
> 따스한 체액의 낭비 탓이 아니라,
> 오래 붙안고 있는 건 무어나 식어
> 죽음의 빛깔을 띠게 마련이어서다.
> 산중의 아침은 늦게 내색하고
> 더 일찍 하룻날을 마감하기 때문에
> 한껏 아름다운 날들,

> 햇살은 눈雪을 다칠까 걱정해 잠시만 비칠 터이므로
> 해바라기 기회를 놓쳐선 안 된다.
> 눈 덮인 산골짜기에 한 가닥 선을 남기며 가는 사내는
> 제 체구의 무게를 정직하게 감당한다.
>
> — <아름다운 날들> 부분

폭설이 내린 산중의 풍경 속에 등장하는 '사내'는 인간의 본성과 아름다움의 의미를 성찰케 하는 존재다. '눈'의 '아름다운 폭력'은 세상의 모든 것을 '공평하게' 하고, '사정'하듯이 욕망의 찌끼를 버리면서 몸과 마음을 깨끗이 비울 수 있게 한다. 이 정결한 비움의 상태에서 성찰지경省察之境에 이르러 시인은 인생이 스쳐 지나는 바람처럼 순간적인 것에 불과하다는 자각을 하게 된다. 그러나, 여기서 주목할 것은 성찰 자체가 아니라 인간이 운명적으로 지닐 수밖에 없는 생의 순간성을 아름답다고 보는 태도다. 시인은 일출은 늦고 일몰은 빨라서 다른 지역보다 하루해가 일찍 저무는 '산중'의 나날에 대해 '한껏 아름다운 날들'이라고 한다. 본의tenor를 따라 읽으면, 인생이 짧기 때문에 오히려 아름답다는 이 아이러니한 진술의 배후에는 긍정적 사유, 혹은 낙천적 인생관이 존재한다. 또한, 인생이 아름다운 것은 '사내'가 '눈 덮인 산골짜기에 한 가닥 선을 남기며' 가듯이 '제 체구의 무게를 정직하게 감당'하면서 가기

때문이다. '사내'는 삶의 무게를 타인에게 전가하기에 급급하면서 거짓되게 살아가는 이기적이고 세속적인 인간들과 전혀 다르다. 시인은 '눈' 내린 산중의 '사내'를 통해 인생의 진정한 아름다움을 순간성의 긍정과 정직성의 발견에서 찾은 것이다. 이처럼 과거의 '아름다웠던 날들'이 아니라 현재의 '아름다운 날들'을 바라보는 시인, 그를 일컬어 우리는 낙천주의자라고 부르지 않을 수 없다.

현재의 삶에서 '아름다운 날들'을 발견한 시인이 앞으로 더 '아름다운 날들'을 발명하는 일은 어렵지 않을 것이다. 이제 시집을 덮으며 이 시집의 '끄트머리'가 아름다운, 너무도 아름다운 시의 세계로 가는 새 길의 출발점이 되었으면 하는 바람을 남겨둔다. 아래의 시구는 그런 바람에 대한 시인의 긍정적 화답으로 읽어도 무방하지 않을까?

> 길은 때로 계곡물과 맞닥뜨리기도 하나
> 고대 이어진다.
> 떨기나무 덩굴 틈새에서도
> 마땅한 곳을 찾아 뻗어나간 길이
> 어디 제 끄트머리를 걱정하더냐
>
>             - <옛 노인장이 말하기를> 부분

시집 <아름다운 날들>(2006년) <해설>

## 신중신 연보

| | |
|---|---|
| 1941년 | 선조 대대의 향리 경남 거창읍 동동(현 대동리)에서 거창 신씨居昌愼氏 집안의 장남으로 4월 20일 태어나다. |
| 1959년 | 거창고등학교 졸업. |
| 1962년 | 서라벌예술대학 문예창작과 졸업.<br>재학 중에 김동리, 서정주, 김구용 선생으로부터 창작 지도를 받으며 크게 영향을 받다.<br>이 해 제4회 〈사상계신인문학상〉 시부에 〈내 이렇게 살다가〉(외2편)가 당선되어 문단에 등단하다(선자는 조지훈, 송욱 선생).<br>가을, 거창중학교 교사로 부임. |
| 1967년 | 육군에서 병장으로 만기 제대. |
| 1968년 | 거창대성중학교 교사로 부임하다. |
| 1970년 | 향리에서 가톨릭에 입교하다. |
| 1971년 | 상경하여 도서출판 삼중당에 입사.<br>재령 이씨 집안의 영애英愛와 결혼하다.<br>대학 재학시부터 친교를 맺었던 작가 김용성, 김원일, 양문길, 시인 강우식 등과의 교유가 평생을 이어가다. |
| 1972년 | 첫 시집 《고전과 생모래의 고뇌》(현대문학사) 간행. 시집 서문을 박목월 선생으로부터 받는 한편, 이후 선생의 아낌을 받다. |
| 1977년 | 시집 《투창》(현암사) 간행. |
| 1980년 | 첫 수필집 《가난한 영혼을 위하여》(태평양) 간행. |
| 1981년 | 한국가톨릭문인회 입회를 계기로 회의 대표간사인 김남조 선생, 이 |

런저런 연으로 이형기, 성찬경, 박재삼 선배시인과 가까이 지내다.

**1984년** 전기 《순교자 103위 성인/ 주여 어디에 계셨나이까》(삼문) 간행.

**1985년** 수필집 《저물녘의 플룻》(오상사) 간행.

서사시집 《빛이여, 노래여》(제삼기획) 간행.

**1989년** 신앙을 제재로 한 시집 《저마다의 등불을 켜게 하소서》(종로서적) 간행.

시집 《낮은 목소리》(문학세계사) 간행. 이 시집으로 〈대한민국문학상〉을 수상하다.

전기 《예술가의 삶과 사랑》(편저, 문학세계사) 간행.

**1990년** 에세이 《한국인의 마음》(윤문) 간행.

저서 《세계명작을 찾아서》(현대문학사) 간행.

서사시집 《모독》(문학아카데미) 간행.

**1991년** 《모독》으로 제1회 〈남명문학상〉을 수상하다.

수필집 《꿈꾸는 나그네에게》(문학아카데미) 간행.

꽃을 제재로 한 시집 《노래는 어디에 머무는가》(우석출판사) 간행.

**1992년** 문예진흥원 창작지원 기금 수혜로 재소동포를 취재코자 2개월간 러시아연합 일대를 여행하다.

**1993년** 시집 《바이칼호에 와서》(문학아카데미) 간행.

수필집 《시대의 여울목에서》(예술문화사) 간행.

재소동포 강제이주를 재재로 한 장편소설 〈까리아인〉 원고 전반부로써 〈대산창작지원금〉을 받다.

저서 《문학의 아름다움과 뿌리찾기》(벽호) 간행.

**1994년** 《바이칼호에 와서》로 제26회 〈한국시협상〉을 수상하다.

저서 《명작을 읽는 즐거움》(예술문화사) 간행.

장편소설 《까리아인》(전3권, 열림원) 간행.

사할린 동포의 수난사를 취재하기 위해 1개월간 사할린 · 연해주

일대를 여행하다.

중앙대학교 예술대학 문예창작학과에 출강하다(1994-1995년).

**1995년**   전기 《그 불꽃, 그 생애》(프리미엄 북스) 간행.

저서 《나의 세계명작 순례기》(전2권, 프리미엄 북스) 간행.

**1998년**   시집 《카프카의 집》(문학과 지성사) 간행.

신앙을 제재로 한 시집 《응답 시편》(성바오로) 간행.

**1999년**   《응답 시편》으로 제2회 〈한국가톨릭문학상〉을 수상하다.

**2000년**   명작 평설 시리즈로 《한국의 명작》(전2권, 명상)과 《세계의 명작》(전2권, 명상) 간행.

**2001년**   장편소설 《사할린은 눈물도 믿지 않는다》(전2권, 청동거울) 간행.

시선집 《신중신시선》(아림) 간행.

**2002년**   한국가톨릭문인회 회장에 선임되다.

《신중신시선》으로 제12회 〈편운문학상〉을 수상하다.

**2005년**   장편소설 《강 건너 저편》(바오로의 딸) 간행.

**2006년**   시집 《아름다운 날들》(모아드림) 간행.

**2011년**   시선집 《지상의 작은 등불》(우리글) 간행.

**2011년**   산문집 《하나와 다른 하나》(가제, 우리글) 근간 예정.